活了 100 萬次的人生腳本

看清內心小劇場，重整內在四種人格模式，
終結自我情緒內耗

吉塔‧雅各 Gitta Jacob　著

温澤元　譯

Raus Aus Schema F

Das innere Kind verstehen, Verhaltensmuster ändern und neue Wege gehen

Contents

前言
反覆上演的人生腳本、負面情緒與錯誤

來自童年的磨人精 ·· 012

過去的權威與嚴格要求 ·· 015

是理性的應對,還是自欺欺人的把戲? ······························ 019

我的優勢與強大之處 ·· 024

內在人格塑造一切:情緒、思考與行為的形成模式 ················ 028

01 找出童年的磨人精與我的優點

誰主導我的人生? ·· 035

內在小孩發展與運作的方式 ·· 038

內在法官生成與運作的方式 ·· 096

童年絆腳石促成的應對形式 ·· 138

擁抱成人自我 ·· 171

02 辨識人格特質與極端類型

當一個人的行為逼近極端 ………………………………… 187

強烈的自我羞辱 ………………………………………… 189

只在乎功名利祿 ………………………………………… 192

膨脹的幻想、戲劇化的行為、絕望感 …………………… 195

覺得自己毫無價值 ……………………………………… 198

沒有別人就活不下去 …………………………………… 201

控制欲與不信任感主導一切的人生 …………………… 204

一切都是陰謀，大家都是敵人！ ……………………… 207

03 破繭而出，邁向更美好的人生

改變已經開始 …………………………………………… 213

幫助受傷的內在小孩 …………………………………… 219

安撫被寵壞的內在小孩 ………………………………… 234

強化快樂的內在小孩 …………………………………… 256

擺脫內在法官的糾纏 …………………………………… 265

重新檢視我的應對策略 ………………………………… 293

真正地長大成熟 ………………………………………… 314

啟程吧！航向新人生 …………………………………… 325

反覆上演的人生腳本、
負面情緒與錯誤

在某些情境下，我們不自覺會表現得尷尬不自然、自相矛盾，或是過於激烈，這種經驗大家多少都有吧？這類行為舉止有時讓你事後依然覺得無比尷尬，甚至有點羞愧。

你有問過自己這種感覺是從何而來嗎？為什麼你總是走進一樣的死胡同，就好像有人從你手中把方向盤奪走、故意令你失去控制？但你平常還算是個讓人安心的駕駛啊，一般來說你能正常生活，只是在有些時刻會稍微行為失常。

不光是你，諾拉、佩特拉與拉斯姆斯也都有相同困擾。在某些情境下，他們同樣不喜歡自己的行為表現。

諾拉擁有的一切其實已經足以給她充分的安全感與愛：兩個很棒的孩子、能承接她情緒的伴侶、好朋友跟一份穩定的工作。然而，在某些情境中她會突然覺得自己像個小孩，感到無助、被拋棄，光是一點芝麻小事就有可能讓諾拉胡思亂想。比

方說，有一天同事講了一個她聽不懂的笑話，當下她就覺得自己被孤立了。她感覺自己生來彷彿不屬於任何群體，而且別人好像沒辦法喜歡她最真實自然的樣貌。於是諾拉做出了她在這種時候通常會有的反應：關閉心門、埋頭躲進工作中。一位同事跟她談起這件事時，她潸然淚下，然後就生氣了，對其他人也對自己生氣。事實上，她知道自己的反應太誇張，而且毫無根據。唯一的問題是她克制不住。

佩特拉總是全力以赴去做每一件事，試圖取悅所有人，不管是工作任務還是私人事務，什麼事都要反覆再三確認詢問。她花了數個星期織出一件美麗的斗篷送給姐姐作為生日禮物，後來姐姐說，如果把腰帶跟飾邊換成不同顏色一定會更好看。佩特拉聽了只覺得這是批評，感到沮喪洩氣。在這種情況下她通常會哭得一把鼻涕一把眼淚，這次也不例外。對她來說（對其他人而言往往也是如此），這句話毀了她一整天的心情。然而，像她這樣很講究一定要把事情做對的人，應該要很樂於接受建議才是。

拉斯姆斯與妻兒住在郊區的一間小公寓。他們的家庭所得不高，但一直努力讓生活過得舒適。多數日子，家庭生活平靜而和諧。拉斯姆斯是個很關懷妻兒的丈夫和父親，他花很多時間陪伴兒子，每天下廚做飯。不過當他跟好兄弟一起出去的時

候，就完全變另一個人了。他會毫無節制地喝酒、行為脫序、大聲說話，完全不給別人講話的機會。這總讓他事後尷尬至極。他有酗酒問題嗎？為什麼他老是做出這種事？

面對某些情境，為什麼我們沒辦法用另一種方式來應對？問題不在於我們偶爾會碰壁或行為失常。失敗和挫折不是壞事，失敗是人類發展的一部分，就像陽光和水對天竺葵與橡膠樹的生長而言至關重要那樣。不過，糟糕的是這種碰壁現象一再發生，我們反覆犯下相同錯誤，彷彿沒有從中學到經驗。這會讓人更挫折，使人感到痛苦、悲傷、絕望、無以為繼。但這是為什麼？為什麼這種只會帶來傷害的行為如此難以擺脫，甚至無法改變？

或許大家能透過以下畫面來了解：把你的心靈想像成一個衣櫃。多年來，衣櫃裡累積了大量的服飾。有些東西很合身好搭，隨時拿起來都能穿。有些衣服穿起來就是尷尬不自然。還有一些夢幻的服飾你從來沒穿過，但為什麼從來不曾拿出來穿呢？現在該來好好整理一番，或者該把不合身的衣服拿去修改。又或者，你也該大膽穿上那些被冷落好長一段時間、差點被衣蛾破壞的獨特服飾。為什麼不敢？真的是因為顏色太顯眼、圖案太浮誇，或是因為剪裁不對稱嗎？還是單純是你不敢嘗試新事物？

與繽紛的毛衣或單調的多功能夾克相比，心靈的衣服不是

我們能夠選擇的。而且很可惜的，我們無法迅速翻看裡頭到底有多少衣服並汰舊換新。我們都太拘泥於某些思維與行為模式。事後回想，我們都知道這些思維與行為並不恰當，而且會造成傷害。但在關鍵時刻，我們很難注意到其實自己一直是按照某種「既定模式」來行事。我們一如往常自動化地做出反應，而在這段過程中我們也有可能傷害到自己。

每個人都有機會重新找回控制權，找出擺脫束縛的方法。本書將提供幾種經過實證的方法，來協助讀者建立自己的健全人格。

如果大家想要跟我一起朝這個方向前進，第一步是自我認識。我們要先找出在哪些情況下，你的情緒感受、認知思維與行動會失控脫軌，以及背後的原因。有些答案深藏在我們的過去，源於童年與青春期。

身為一位心理治療師，我使用的是一種經過研究實證的方法來協助個案找到內在行為模式。所謂的基模治療法（Schema therapy）之所以在德國廣為流傳，首先是因為紐約心理學家傑弗瑞・楊（Jeffrey Young）與其美國同事的著作，我的書籍與DVD後來也進一步推廣此概念。基模治療法的核心觀念認為，我們的認知思維、情緒感受與行為其實都具有某種模式，而我們的缺點以及弱點也都展現在模式之中，這就說明了為什麼我們會反覆走進同樣的死胡同。

但並不是所有人都願意或有辦法立刻去找心理治療師。有

些人可能想要先靠自己的力量處理問題。在這本書中，我會提供大家一些想法與工具，幫助你找出問題或困擾的核心所在，以及探究心中反覆出現的不愉快感受是從何而來。如果你覺得自己正往對的方向前進，那麼也可以開始做出調整和改變了。這樣一來，你就能用最理想的方式來讓生活變得更輕鬆、更圓滿充實。

認識自己，第一步是覺察感受，這包含正面與負面感受。情緒往往是矛盾的，我們可能現在愛著一個人，下一秒卻又由愛轉恨。或者我們對某事有強烈的渴望，恐懼卻總是使我們望而卻步。這些強烈的感覺往往看似難以理解、不合邏輯，有時甚至荒謬可笑。本書將逐一告訴大家，如何認真對待這些感覺，並探詢這些感受的源頭，因為這些感覺並不是荒謬或毫無根據的存在。這些感受自有其存在的原因。不過，雖然有些感受在當下看來具有意義，過了一段時間後卻未必如此。

以諾拉為例，當她覺得自己被同事排擠了，她並不是昨天才初次體會到這種被拒絕和被孤立的感受。她從有記憶以來就知道這種感覺了。這種內心小劇場模式的源頭並不是辦公室，而是諾拉的童年。

諾拉小時候常常搬家。媽媽年紀輕輕就生下她，對於養育子女這件事有些不知所措。因此，諾拉是由親戚輪流帶大的，半年住在姨媽那邊、幾個月待在布萊梅（Bremen）的外婆

家、接下來一年待在波蘭的奶奶家。每個人都很疼愛諾拉，但是她在每個地方都待不久。在學校裡，她永遠是「新來的女孩」，同學不太願意與她親近深交。諾拉幾乎沒什麼朋友，就算交到朋友，又得馬上搬家。十二歲的她極度缺乏安全感，同學的冷淡與排擠最後演變成赤裸裸的霸凌。

如果諾拉現在感到無力和被拋棄，這並不是因為當前的情況確實如此，也不是因為她「過度敏感」，而是因為這種狀況觸發了她心中那種在童年長時間反覆經歷的感覺。她現在感受到的遺棄感與排擠感，讓她在內心深處再次成為那個受傷的孩子。

現在，改變的第一步是認真看待那些一再出現的心理模式，並理解其在個人生命歷程當中的意義。為此，我們也要進一步了解自我人格的內在結構。每個人的思想和行為模式，都是由不同的內在部分所組成。我們將其區分為四種：**內在小孩、內在法官、應對形式**（或稱應對策略，我們在某些情況下為了自保所做出的反應與行為），以及**成人自我**。

面對眼前情況，握有主導權的內在人格與模式也控制著你的期望、感知，以及你對事件的反應。如同你面對不同場合會從衣櫃裡拿出不同的衣服，你也會在不同時刻出現不同行為，所有人都是如此。因此，有時引導你的是內在小孩，有時是內在法官。在某些情況下，你的應對形式相對活躍，而在其他時

候主導一切的則是成人自我。若能找出這四大部分是在哪一種情況下占主導優勢，就能大有斬獲。在這本書的協助之下，讀者將能深入了解自我內在人格地圖的四大部分，並決定未來該如何分配角色。你可以與哪些模式、反覆的碰壁行為和平共處，而什麼時候你又希望自己能有不同的表現，不要再有以前那種難受的感覺呢？

我會向大家介紹許多練習，協助你進一步理解和發展自己的人格。這些練習並不複雜，只要留一些空閒時間來付諸行動即可。比方說，在一些練習中，你可以去觀察某個想法或感覺，以及身體的動態與感受，然後把你觀察的心得寫下來。如果你覺得剛開始很難在練習當中進入狀況，也不要馬上放棄，或許你只是還不習慣這麼密切注意自己的心。下次再試試看吧！想要先嘗試一下練習的感覺嗎？那我們來做做看以下練習作為入門吧！

小小入門練習

藉由這個練習，可以幫助你找出目前的「情緒熱點」。情緒熱點通常是剛才介紹的內在人格特別容易被觸發的區域。請花五到十分鐘做這項練習。

放鬆身心，讓自己處於舒服自在的狀態。閉上眼睛、專注呼吸，注意氣息進出體內的方式……讓意識慢慢回到

自己身上，稍微平靜下來。將思緒引導至過去幾天、幾週，尋找這段時間讓你心情煩躁不悅或失控的情況。在這些情境中，你可能會有情緒化、憤怒、悲傷或不適當的反應。針對這些反應，你可以對自己說：「某種程度上，這對我來說是典型的反應，其他人可能比較處之泰然，而我其實也不需要這麼激動。」

　　想像這個情況現在再次發生。在這個情況下，你在做什麼？其他涉入其中的人在做什麼？你的感覺如何？有辦法替這種感覺命名嗎？你覺得此刻的自己像個大人，還是更像小孩？這些感覺很熟悉嗎？接納這些感覺，稍微與這些感覺接觸。或許這些感覺是接下來我們要在本書中經常探討的其中一部分內容。這些感覺屬於你，而去理解它們是件好事。再次將注意力擺在吸氣和吐氣上，然後慢慢結束這次練習。在接下來幾天內，稍微留意一下你剛才體驗到的感受。

來自童年的磨人精

　　諾拉心中那種「突然覺得自己不再是一個成年人，而且還被羞恥感與悲傷所支配」的感覺，是由受傷的內在小孩所引發。童年與青春期的情緒狀態就像沉睡的磨人精，會在某些刺激與情境下被激發甦醒，這時我們便會受其擺布。

　　受傷的內在小孩處於活躍狀態時，遺留在心中的早年挫敗經歷與被貶低的感受就會發揮作用。這種模式源於我們童年時期的幼稚需求沒有得到充分滿足或被他人忽視，而那些記憶依然刻印在內心深處。例如，我們在表達愛的時候母親卻尷尬回應、老是被幼稚園老師忽略、來自同學的戲弄嘲笑……時至今日，就算已經過幾十年了，但羞恥與被拒絕的感受仍然留在我們心中。

　　由於諾拉對於安全感、歸屬感以及被認可的需求長期以來

一直得不到滿足，受傷的內在孩子的感受才會一直在她心中遊蕩。所以，即使是一點無傷大雅、微不足道的情況，也能讓這位生活看似和諧穩定的女子情緒失控。

除了**受傷的內在小孩**，還有**被寵壞的內在小孩**。在這種案例中，如果一個人是由被寵壞的內在小孩主導，容易缺乏毅力與自律，他會很難去做那些討人厭或無聊的事，但遺憾的是，這些事情占據了我們生活的一大部分。沒有人喜歡納稅申報，但這是必須的。沒有人喜歡體檢，但我們也知道這不得不做。如果我們的行為是由被寵壞的內在小孩所主導，那我們會一再拖延那件不愉快的必要任務，直到不能再拖為止。任何對這個人而言無聊乏味的事情，他都會擺在最後順位或交給其他人來處理，比方說朋友、父母、伴侶。這種人從來就沒有學著去面對執行無聊任務時的挫折感，因為父母或祖父母的過度溺愛，或是為了盡力保護孩子，所以把所有繁瑣討厭的事情都攬過去做。但是，即便父母過度保護我們，還是會產生另一種形式的忽略。傾向於幫孩子打理一切，最後不信任孩子處理事情的能力，結果導致許多人成年後依然相當依賴他人、缺乏紀律、事情總是拖到最後一刻才去做、習慣把責任推給別人而非自己承擔，並在執行日常事務時覺得壓力很大、手足無措。

利努斯今年四十歲，任職於IT產業，是一位很受歡迎的專家。不過，他發現自己要準時甚至是規律到公司上班是件很

困難的事。所以，他常常無法如期完成工作，也經常請病假或無故缺席不去辦公室。每次被解僱、把錢花完的時候，母親就會跳出來幫助他。他的父親是藝術家，對撫養孩子跟做家務不太在行。一直以來，都是利努斯的母親把所有工作攬過來做，無論是去上班、撫養小孩或照顧家庭。也因此，利努斯從他父親身上學到，把繁重的任務推給別人來做是可以的。而且利努斯的母親還把過度保護的行為延伸到兒子身上，所以利努斯從來沒有被要求過執行繁雜枯燥的任務。最慘的是這種狀態持續至今。每當利努斯因為「拖延」而惹上麻煩，母親就會協助他擺脫困境，給他錢、詢問她的姐妹能不能讓兒子借住一段時間，或者是幫他掛號看診。

利努斯的母親單純是出於好意。但這樣一來，她兒子永遠也學不會承擔責任與獨立自主。假設利努斯的母親無法再給予幫忙，而她自己也需要協助的時候，沒有人知道狀況會變成怎樣。利努斯年紀越大，就越難擁有充實圓滿、幸福快樂的生活。來自童年的磨人精完全掌控他了。

過去的權威與嚴格要求

　　許多人內心住著一位法官，這位法官有時會給他們很大的壓力，甚至是貶低他們。這種掌控和施壓，來源未必是我們與父母的經驗。所有在我們成長過程中有影響力的人，都有可能以這種「批判的」或「苛刻的」的內在法官形式伴隨我們一生，例如：祖父母、老師、鄰居、同學……有時也可能是來自社會的要求，而這種要求使我們備感壓力，因為其對我們的索求已經超過我們實際上能滿足的範圍。我們應該當個美麗、積極投入、聰明的人，而且必須一直過得快快樂樂。最重要的是，永遠不會造成任何問題或困擾。近幾十年來，這種對完美的偏執不斷增強，那種「自己永遠不夠好」的感覺大家想必都非常熟悉！

　　內在法官通常會用非常具體的形式跟你喊話，例如：「不

要大驚小怪」、「不要逼我發飆」、「偶爾也要替別人想想」。這類句子似乎深深刻印在我們記憶中。每一代的父母反覆將這種思想灌輸到孩子的腦中，但這種行為會造成很大的傷害，因為這些觀念傳達的訊息都是一樣的：「你不重要，你的需求也不重要。」

當然，父母不該把孩子培養成自私的人。但這不代表孩子的需求是無效的。反之，知道自己需要什麼，並且能夠主張自己的需求，這才是所謂自信與滿足的先決條件。然而，即便擁有慈愛關懷的父母，身邊還是可能存在會對我們造成傷害的老師、親戚或同學。每個人在長大成人的過程中，幾乎都會面臨這種施壓和責備的聲音，而這些聲音也會在當事人心中悄悄扎根。在某些情況下，這些聲音會一次又一次反覆播放。

批判的內在法官讓我們覺得自己沒有價值，或者自己就是有問題的人。更極端的批判型內在法官，甚至會讓我們徹底貶低自我，或是陷入更糟糕的自我憎恨。即使是溫和的指責，我們也會萌生強烈的不安全感，以及出現自信匱乏的表現。另一方面，**苛刻的內在法官**「只會」讓人迫於追求完美主義。如果你是一位對自身表現要求極高的人，那很可能是你心裡住著一位要求苛刻的法官。這種行為模式會讓成就變成個人存在價值的依據。這種成就感永遠是短期的，因為達成一個目標之後還必須實踐更多更大的目標。要是未能成功實現就慘了，這類人會覺得自己完全沒有價值，不值得被愛。

此外，這種心態也會引發內疚感。這跟成就、金錢或工作無關，而是把自己的情感需求擺在他人的需求之後。受影響的人會覺得自己必須取悅每個人，而且從不抱怨。他們需要一直表現親切和善、善解人意，不拘小節。這種行為往往會體現在助人工作者身上，例如：護理師、社工、醫生、教師、心理治療師。

四十多歲的安雅是一位聰明的女性。她是心理治療師，十分熱愛這份工作，這同時也是因為她頗受案主歡迎。她很能同理他人、理解對方的問題，也擅於支持、鼓勵和激勵案主。但是，她也發現要劃出界線、保持適當的距離很不容易。無論是在職場還是私生活，每次碰到應該要說「不」的時候，她都會說「好」。要是拒絕別人的請求，她會馬上感到內疚和不被愛。她打理所有事情、照顧所有人，就是沒有把時間花在自己身上。為什麼會這樣？在一場心理學家研討會上，安雅發現七成的參加者都有一位憂鬱、悶悶不樂的母親，而她也是。她這才恍然大悟！家庭中的父母問題與從事社會工作的決定之間，顯然存在某種關聯。安雅記得小時候母親在憂鬱時期根本無心照顧小孩，但小安雅還是很努力想讓母親高興起來，至少讓母親展露一點微笑。直到今天，她還是覺得自己有責任讓別人開心快樂。只有成功做到這一點，安雅才覺得自己會被愛、被接納。

精神疾病患者或慢性病患的子女，通常會覺得自己有責任讓父母幸福快樂。用比較專業的術語來說，這是所謂的「親職化」（Parentification），這代表父母跟子女之間的養育角色顛倒逆轉了。孩子過早承擔成人的角色，不管在社會或情感方面皆然。同時，孩子自己對於被照顧的需求則沒有得到重視。

是理性的應對，
還是自欺欺人的把戲？

「那台車其實不是超跑，而是陰莖增大術。」這個說法大家都有耳聞。許多男人傾向用跑車來彌補禿頭、啤酒肚，或者是性功能不足的事實，這種心理因素的猜想目前已經深植於許多人腦中。

在接下來的段落，我們會用**應對形式**或**應對策略**來描述人面對負面情緒的方式。炫耀、攻擊、誇大的控制欲，或者被冒犯的心態，都是這一類的行為模式。我們藉由這些行為，企圖躲開內在小孩與內在法官在心中引起的負面感受。這會使我們的羞恥與內疚感沒有那麼強烈，或至少在他人面前不會被察覺。但我們也為此付出極高代價。這種方式雖然能讓我們不受

到過往的聲音影響，但同時也傷害了當下的自己，因為我們阻礙了自我發揮個人潛能的機會。

以這種方式欺騙自己與他人的人，會在屈服、迴避與過度補償這三者之間做選擇。**屈服**指的是為了不讓自己受內疚感影響，而完全依附於其他人的想法之上。當其他人處於穩定的狀態，這類當事者也會感到穩定，這樣他們就不必處理自己的需求，衝突也不會出現。然而，重要的需求依然沒有得到滿足，與他人的接觸也不是真正的「真誠」。

蘇珊娜還很年輕，才三十出頭，但她深受極端的自我懷疑所困擾。儘管她在音樂與社交方面很有天分、表現出色，但她總覺得自己很無趣、沒有價值。而且，雖然她天生迷人又討喜，卻還是一直跟那種會占她便宜、對她精神虐待的伴侶交往。蘇珊娜小時候幾乎沒有得到過任何讚賞，父母陪她的時間少之又少，對於身為自然科學家的父母來說，音樂天賦沒什麼意義。早在孩提時期，蘇珊娜只有在能讓父母微笑時才會感覺良好。她對周遭他人的心情與期望相當敏銳，總是盡心盡力照顧其他人。她花了很長一段時間才意識到，或許有些人根本不值得這樣用心對待。

童年鮮少得到認可與讚賞，長大之後會有嚴重的後果。這可能會讓人養成一個不快樂、無法獨立自主、沒自信的人格。

相對於屈服，**迴避**是一種逃避內在法官指責聲浪的方式，而這往往也是對於現實生活的逃避。確實，那些被影響的人免除了不愉快的感受，他們藉由迴避找到一個童年感受與父母要求無法觸及的所在。但是「沒有冒險，就沒有收穫」這句老生常談說的沒錯——迴避者擋住了自己通往幸福的道路。

　　羅伯已經三十多歲了。小時候，他時常因為舉止慌慌張張、醒目有特色的長相，而在學校被同學取笑。他的父母很早就離異了，羅伯跟父親與母親都不是特別親近。長大之後，他的皮膚還因為壓力出現了嚴重紅腫的症狀。他一直覺得自己不值得被愛，也不迷人，所以他假裝自己根本不想要有穩定關係。他一再聲稱自己「沒有能力給出承諾」，反正親密關係很「沉悶」跟「無聊」。但其實，他很渴望能有一位伴侶，也期待有一天能被無條件接受、被愛，有一個人會永遠並可靠地陪在他身邊。不過，由於害怕被拒絕，他不去任何可能與人接觸的地方，抗拒與人私下約會，反而是在網路的保護下尋求匿名性行為。

　　因為害怕被拒絕，羅伯迴避了那些可能實現他的渴望與需求的生活情境與機會。像羅伯這樣的迴避者，寧願待在所謂的危險區之外，也不想努力去實現自己的願望和夢想。除了拒絕社交或社會接觸，這類迴避策略也可能以其他方式表現，比方

說用藥物毒品麻木自我，以及透過媒體、食物或過度運動來轉移注意力。

某種程度上，避免不愉快的情境、時而退縮、把感覺關掉，這是正常也是健康的。但如果迴避阻礙了個人發展，那就是一個需要解決的問題，因為這無法成就所謂真正充實、獨立自主的生活。

此外，軟弱與無助也可能透過所謂的**過度補償**來應對。當某人似乎徹底無視受傷的內在小孩，並且否認羞愧或悲傷的感覺時，就是一種過度補償。自卑感往往是被一種強調自信，有時甚至是傲慢的外表所掩蓋。

霍爾格身材矮胖，從小在富裕的經商世家長大。不過，家族企業去年被迫申請破產，霍爾格也頓失富足的生活。因為身材矮胖，他打從心底覺得自卑，在家人身邊尤其如此。這種感受現在因為失去財富也變得更加強烈。為了彌補這種自卑感，他看起來總是隨興瀟灑、表現得像個花花公子。不過，外人一眼就能看穿他的人設是逼不得已的保護衣！

以下原則一樣適用於此，基本上，如果能夠讓我們應對負面情緒，這也是一件好事。我們不必去感受每一種痛苦、體驗每一種憤怒的情緒、正面迎戰所有的衝突，或是讓不安全感全部宣洩出來。而且，也不是每次憤怒都值得大吵一架。

只有在阻礙我們滿足個人需求時，拒絕情緒和感覺的行為才會變成問題。比方說，霍爾格永遠不會透過這種方式了解到自己雖然身材矮胖，但依然是個可愛的男人。羅伯也無法在網路匿名性愛中得到滿足。這背後的問題在於，迴避與過度補償這兩種應對方式能讓人在短時間內感覺很好，至少比另一種直面自卑感的屈服還要好得多。

我的優勢與強大之處

以衣服為例，有些衣服我們覺得穿起來舒適合身，我們的內在也有一些部分既非不成熟，也不是不合適，而是很健全完整、適切妥當的。如果我們將這些優勢當成人生的定錨，就能平順地建構好自己的生活、做出正確決定，良好地解決問題和維持人際關係。在這種情況下，我們有能力好好評估和滿足自己與旁人的需求。在接續段落中，我們將此稱為**成人自我**。

不過呢，尋求樂趣、嬉鬧玩耍以及糊塗犯傻，這些也一樣重要。卡爾・馬克思（Karl Marx）曾說：「只有工作沒有遊戲會讓人變笨。」沒有遊戲的生活，不僅讓人變愚蠢，還會令人不快樂。所以我們也必須給**快樂的內在小孩**留一點空間，在荒謬的事物中找到有樂趣的那一面、喜歡胡鬧玩耍的那一面、活潑開朗的那一面。花時間玩耍和嬉鬧不僅能豐富我們的精神世

界，還能提供我們必要的能量，來面對緊繃的成人生活壓力。就算再怎麼隱藏在深處、躲得好好的，每個人心中一定都有一個快樂的內在小孩。這個小孩能用不屈不撓的精神看世界，帶著滿滿的探索精神，享受在遊戲中玩樂和創造力帶來的喜悅。我們每個人心中都住著這樣一個小孩！

　　內在小孩、內在法官、應對形式和成人自我，有了這四個不同的人格部分，就大概具備心靈地圖的座標了。本書的第一章重點在於進一步認識、了解自己的內在人格組成，這些內在人格是如何以及為何發展？這些內在人格的感覺如何？它們何時出現？碰到不同狀況又是如何反應？在第三章，你就能根據對自我心理狀態的洞察力來改變自己、發展自我的人格，進而往新方向邁進。

　　或許你已經在其中一個案例或某種行為模式中，看出自己或周遭親友的影子。在接續段落中，你將能更精確、肯定地判斷哪些內在人格特質對你造成了多大程度的影響，又是如何引導你應對人生的各種處境。為了進一步在內心世界中找出自己的方向，具象化圖示或許會有幫助——在心靈地圖上標出內在衝突的區域與方位。下頁提供心靈地圖模型作為參考，請讀者搭配第184頁的空白心靈地圖依個人狀態自行填寫。

心靈地圖模型

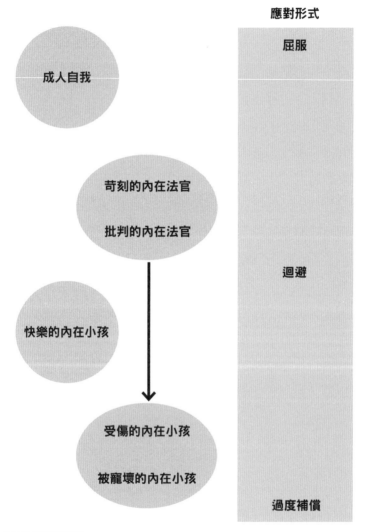

人格特徵模型總覽
引自克莉絲汀・贊斯（Christine Zens）與吉塔・雅各（Beltz 2015）

所以請繼續閱讀，放輕鬆去迎接這場讓人迫不及待的內在自我旅程。心靈並不是迷宮，仔細觀察，你會發現內心世界其實結構分明、井然有序。如果能充分了解自己的心靈地圖，就很有可能可以放下過往不愉快的行為與感受，改變自己的人生。

內在人格塑造一切：情緒、思考與行為的形成模式

三個內在小孩

　　如果引導我們的是內在小孩，我們的感知和行為就會相對幼稚、不成熟。雖然我們體會到了強烈的情緒感受，但這些感受並無法用當前情況來充分解釋。反而，這些情況會讓我們想起童年與青春期時，基本需求被忽略的情境。在下頁圖表中，把受傷的、被寵壞的、快樂的內在小孩區隔開來，讓你更清楚地辨識其中差異。

	受傷的 內在小孩	被寵壞的 內在小孩	快樂的 內在小孩
內在小孩有哪些感受特徵？	羞愧、孤獨、恐懼、悲傷、無助。	憤怒、煩躁、衝動、反抗。	幸福、放鬆、好奇、安全感。
觸發這些感受的因素	感到被拒絕、被拋棄、被過度施壓、被排斥，或者意識到風險。	感到被批評、被拒絕、不受重視、被排擠和被限制。	覺得自己被接納、有歸屬感、感到被愛。
與這個內在小孩合作的目的	覺察和理解需求，並靠自己來滿足這些需求。	辨識並滿足憤怒背後的需求，同時減少任性耍賴、衝動和嬌生慣養等習性。	盡情享受這種狀態。
能幫助這個內在小孩的行為	用充滿關愛的態度來面對自己，接受自己的感受，滿足自己的需求。	重新找回自我控制的主權，關照未被滿足的需求，了解前期預警信號，以及練習替代行為。	適當的平衡，投入新活動，享受生活的小確幸。
需要注意……	批判的內在法官（你的感受不重要！），以及只能在表面層次滿足需求的應對形式。	頑強反抗的反應（我現在只做我想做的事！）	批判的內在法官（這很幼稚又丟臉！）

苛刻與批判的內在法官

　　苛刻與批判的內在法官代表那些來自童年與青春期傷害我們的聲音。他們傳遞的訊息永遠都是負面的。內在法官會讓我

們感覺自己永遠不夠好、不夠討喜，而且還很無聊、愚蠢、醜陋和無能。內在法官區分為兩種，一種是對我們提出過分要求、讓人處於極端壓力之下的苛刻型內在法官，另一種則是貶低我們的批判型內在法官。

順道一提，如果你現在覺得：「我也聽到很多正面的聲音，我的父母和朋友說的不是百分之百負面的……」那很好！這類的訊號就屬於成人自我，「我很好，我不需要把每件事都做到最完美。」

	苛刻的內在法官	批判的內在法官
特色是……	對自己的表現要求過高，或對自己照顧他人的期望過高。	有時會徹底、全面概括地去貶低自己。
你會感到……	無法負荷、壓力大、覺得自己不夠好或內疚、有罪惡感。	被討厭、不夠好、不討喜、惹人厭或被拒絕。
與這個內在法官合作的目的是……	改變其釋放的訊息，使之成為有用的資源。	去意識到這位法官的訊息是沒有道理的，應該要消失才對。
什麼東西能給予幫助？	學會區分有用和有害的訊息，懂得判別訊息的真實性，並且發展有益的新訊息。	識別這位內在法官的訊息來源，透過符號、象徵物品、紀念卡片，以及與身邊親近的人接觸互動，來減少責備的聲音。
需要注意……	應對策略！通常我們會試圖透過「迴避」來逃避內在法官，不過這種方式的有效期通常相當短。	

幼稚的應對策略

　　為了應對情緒壓力與困境，童年時期的我們會採取一些能保護自己的行為模式，而這些行為就在我們身上根深柢固，直到長大成人。孩童通常沒有其他選擇，只有屈服、迴避與過度補償這三種應對方式。所以，成年之後許多人在壓力大的情況下仍然會理所當然地採取這些幼稚的策略。

	屈服	迴避	過度補償
我們試圖……	透過取悅他人來穩定自己的情緒。	逃避自己不想處理的感覺和問題。	展現出與內在法官所宣稱的內容相反的行為，並認為這才是事實。
這項應對策略體現在……	自願承擔不舒服的責任與義務、無法說不，以及依賴他人。	逃避困境。透過電玩、網路、電視等娛樂分散注意力；利用酒精或藥物毒品來讓感知變得遲鈍；藉由食物、色情影片等東西刺激自己。	傲慢、控制欲強、尋求關注、攻擊性強、出現操縱支配他人的行為。
現在目標是……	學習減少這些應對形式，適當表達自己的需求，並以正面積極的方式來處理衝突與問題。		
什麼東西能給予你幫助？	權衡利弊、行為實驗：嘗試其他替代行為。要有耐心，因為從小到大所習慣的應對形式，需要時間來慢慢改變。		
需要注意……	苛刻的法官（你必須取悅所有人。）。 批判的法官（反正沒有人喜歡跟你相處。）		批判的法官（如果你示弱就輸了。）

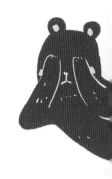

01

找出童年的磨人精
與我的優點

如果你對自己不了解、不知道自己能做什麼、

不曉得你能獨自面對很多事，

那你就很難掌握自己的生活。

誰主導我的人生？

　　本書的目的是協助大家用積極正向的感覺，來取代恐懼、無助、悲傷、羞恥、孤單或憤恨等負面情緒。簡單來說，就是協助大家重新控制自己的思考和行為模式，進而享有更充實滿足的生活。快樂自在地過日子，穿上合身且適合你的衣服。

　　人類心理並不是一片叢林，而是一個結構鮮明的實體，可以像地圖一樣繪製出來。大家或許會對這個觀點感到詫異。以下頁的諾拉心靈地圖為例。目前正困擾諾拉的，是受傷的內在小孩感受、批判的內在法官，以及屈服的應對形式。

　　諾拉的目標，可能是以更有自信的方式來面對令她感到被排擠、忽視的情境。要如何成功做出改變，這是第三章的主題。在第三章，我們會介紹各種克服負面情緒與強迫行為的自我練習。

不過，我們的第一步是學會辨識自己的童年磨人精。在心靈地圖的協助之下，你能進一步、深入了解自己的內在樣貌。逐步了解自己的情緒狀態、知道自己一般而言會採取哪些應對方式，並從中找出讓你更強大、能夠協助你的關鍵。

　　在第184頁的心靈地圖或者在你自己畫的草圖中，輸入所有你認為重要的資訊：所有自然產生的自發性想法、情緒感受、記憶圖像，以及經常會觸發負面情緒的情況。之所以用圖示的方式來呈現，是為了讓複雜的內心世界更具體化、更容易理解。只要認識並理解內在小孩與內在法官，就能更好地去思考如何在關鍵情況下做出改變，讓自己感覺更快樂自在。

　　如果要活得更真確、達到情緒平衡，首要前提是覺察並反思個人的內在經驗與外在行為。如果想要改善特定主題，大家可以在第三章找到合適的練習。以下的解釋與例子，是為了協助大家了解內在心理狀態的關係結構。如果能養成做筆記或是用圖像來建構心情感想的習慣，就會對自己在壓力情況下的幼稚感受與幼稚行動的覺察度更高，也更能清楚掌握自我狀態，進而做出改變。

批判的內在法官
- 霸凌她的同學
- 被父母與親戚忽略

應對形式：屈服
- 退縮
- 把悲傷往肚裡吞
- 全心投入工作

受傷的內在小孩
- 小諾拉感到無助、
  被拋棄、被排擠、
  被孤立、不值得被愛。

諾拉的心靈地圖

內在小孩發展與運作的方式

　　假如基本需求在童年和青少年時期沒有得到滿足，個體就會逐漸形成有害的思維與行為模式。

孩童具有以下的基本需求：
- 與他人的穩固連結
- 自信與能力
- 表達需求和感受的自由
- 自發性、樂趣與遊戲
- 現實性的界限

與他人的穩固連結

　　每個人都需要一種感覺，也就是覺得自己在這個世界上並不孤單。人不是孤島，孩童尤其如此。孩子需要感覺到有人穩定強大、充滿愛意地關懷他們，也需要覺得自己被愛、受到重視，而這個世界上沒有任何東西（即便是設下限制）會減少對他們的愛與重視。如同一張無形的安全網，父母與孩子的連結應該要一路伴隨孩子，直到長大成年。祖父母、老師或鄰居也能扮演這樣的角色，關鍵是小孩要感受到有一個可靠的人陪在他們身邊。

　　米蓮娜是一位三十多歲、聰明美麗的女子。她生在俄羅斯。蘇聯解體後，母親帶著她離家前往西方，但她的父親並不想陪著母女一同展開新生活。到了德國之後，母親再婚並生下一子。米蓮娜儼然象徵著被母親拋下的生活，她因此被忽略、毆打和批評。在學校裡，她是身為「俄羅斯人」的外來者。一家人最後選擇移民美國，而當時十七歲的米蓮娜被獨自留在德國。現在，米蓮娜已取得博士學位，並在大學任教。她在職場上如魚得水，但戀愛對她來說卻困難重重。她每次都會選擇那些在形式上能帶來安全感的男人，事業有成，而且通常年齡大得多的對象。每次交往短短幾個禮拜，米蓮娜就會堅持同居，幾個月後進一步要求結婚。她總是無所不用其極地去建立自己

小時候沒能體驗到的安全感。然而，她懷疑自己選的男人最後都會跟她母親一樣：不可靠、冷漠、羞辱，甚至是虐待她。

從上述故事可以看出，米蓮娜竭盡所能確保這種被遺棄的經驗不會再次上演。她完全以安全感為前提來選擇伴侶，並以一種最終會不利於她需求的方式，來加速關係的進展。

問問自己

在你的童年時期，依戀與安全感的建立是如何進行？請回顧自己的童年，尋找安全感或者是被拒絕的畫面或場景。回想時會喚醒哪些記憶？

自信與能力

如果你對自己不了解、不知道自己能做什麼、不曉得你能獨自面對很多事，那你就很難好好掌握自己的生活。為了培養這樣的自我觀念，我們必須讓小孩有嘗試體驗的機會。只有透過這種方式，小孩才能對自己的身分認同建構出完整的意識。孩子必須得到鼓勵與讚美，但也要體驗信任。如果什麼事都不讓小孩自己做，最後他們就會變得無法信任自己，並且對於相當正常的要求感到不堪負荷。假如小孩學會了面對大大小小的挑戰，他們就能從中找到自信的源頭。所謂的直昇機父母其實

是出於好意，替孩子把所有事情攬下來，保護小孩不受到任何事情的影響。然而，遺憾的是，在這種養育方式底下長大的小孩，有時很難發展出自信與能力，即便已經長大成人也是如此。

托比亞斯是一位四十歲出頭、討人喜歡的好人。大學畢業後，他一直靠失業救助金過活。雖然他反覆投履歷，也受邀參加面試，但一直沒有順利找到工作。有一次好不容易應徵上了，最後也沒熬過試用期，因為他經常遲到、趕不上工作交期。與此同時，托比亞斯的兩位哥哥都在職場打拼奮鬥。一個是某家大報社的編輯，另一位是心臟病專家。小時候，這兩位哥哥的存在就讓托比亞斯認為自己能力跟不上、是個弱者。這個聲音極為強烈，以至於托比亞斯始終無法對自己想要什麼和自身能力建構出實際的概念。他的父母幫這隻「雛鳥」擔起所有任務與工作，把他照顧得無微不至，使這個狀況雪上加霜。時至今日，當托比亞斯生活拮据時，父母依然會出面幫忙。

小時候，托比亞斯從來沒有被鼓勵讚美過，也沒有機會去嘗試。到了現在，他什麼都沒有，因而形成一種感覺：他覺得自己非常無能，以至於沒有人相信他能成就任何事情，現在他也不再相信自己有能力做任何事。這就說明為何托比亞斯做任何事都無法成功。在心理學，我們將托比亞斯掉入的這個惡性

循環稱為自我效能匱乏——托比亞斯認定自己是個弱者，不相信自己有能力把事情做好，所以也不去努力。

問問自己

小時候，大人允許你自己去探索世界嗎？你必須自己克服挑戰嗎？你是否曾經感到力不從心？還是你被過度保護？在你的童年，獨立自主的比例是太低、剛好，還是太高？回想這個議題的時候，你會想到哪些往事？

表達需求和感受的自由

每個人都有發展自我人格的需求，也有受重視的需求。人如果敞開心胸迎接其他人或新的體驗，卻遭到蔑視和嘲笑，就會受到嚴重的侮辱。如果孩童覺得自己的感受和需求被取笑，他們在成年後就難以表達這些情感與需求。

烏爾瑟已高齡九十。她認為談論感受是「愚蠢的」。她對「問題晤談」根本不屑一顧。她深信：「我不談論我自己，那對我來說太遙遠了。」她對自己和對他人都很苛刻。她從來沒有承認過任何弱點。她總是把自己打理得整潔體面、井井有條，房子也打掃得一塵不染。不管面對任何事情或是任何人，

她都非常節制。雖然家裡不缺錢，但她永遠只買特價打折的咖啡。身為一位母親，她也完美履行自己的職責，至少是其中一部分：食物準時上桌，孩子永遠打扮得整整齊齊，他們什麼都不缺。不過，小孩從來沒從她那邊得到過一絲溫暖與親密感。沒有親吻或擁抱、沒有讚美，也沒有任何言語上的關懷。

但烏瑟爾不曉得還能怎麼辦。她的榜樣是自己的母親。雖然患有痛苦不已的疝氣，但她在文具店的櫃檯後面站了整整二十年。直到現在，她還會說母親每次都會在吃完晚飯的時候，語帶威脅問丈夫：「安東，你還有什麼需求嗎？」在烏瑟爾看來，需求、感受、痛苦都是弱者的象徵。

烏瑟爾在一個不允許有情感或需求的家庭長大，這些都被視為自私與軟弱的指標，所以烏瑟爾在後來的人生中無法表達自己對親密與快樂的需求。即便是現在，她依然堅持自己不需要也不想要任何東西。

問問自己

你小時候嘗試新事物、充滿好奇心並與父母分享你的渴望與感受時，父母或主要照顧者的反應是什麼？回想的時候，有哪些記憶浮現在你眼前？

自發性、樂趣與遊戲

自發性、樂趣與遊戲是我們人類的重要資源。有這些資源的協助，我們能夠減輕壓力，以更輕鬆的角度面對生活，重新以正確的角度來看待問題，並且充滿創意和快樂。缺乏這些資源的人更容易受壓力影響、抗壓能力較差，容易產生憂鬱和悲觀的情緒。

尤納斯是二十五歲的法律系學生。他抱負十足，而且意志堅定，經常在圖書館讀書讀到半夜。之後，他會去慢跑。外表看來，人生似乎完全在他的掌控之中，但他卻覺得壓力不斷。他的身體會不受控制地抽動，而且從小就有這狀況了。因為這個原因，他在學校常被嘲笑。他的父母雖然對他關愛有加，但他們平常都不苟言笑，還認為任何形式的遊戲都是沒有生產力的活動、只是在浪費時間，甚至還覺得這是很「丟臉」的行為。尤納斯的父母很拘謹，生活和性格都放不開。

尤納斯現在欠缺的就是認真努力與放鬆休息的平衡。每次跟朋友出去玩樂的時候，他都會覺得很內疚，但他也不曉得該怎麼做。他永遠不會和朋友一起去唱卡拉OK，因為他和父母一樣，害怕其他人會認為他很丟臉。

小時候的尤納斯完全沒有體驗過「就算白痴幼稚的玩耍，

仍然會被接納」的感覺。他不曾看過父母放鬆玩耍，一家人從來沒有玩過枕頭大戰，而且父母總是期待他能表現出嚴肅拘謹的樣子。現在，尤納斯缺乏隨興、自然率真的勇氣，而這正是力量與自信的來源。

> ### 問問自己
>
> 　　小時候的你是否能體驗到很多快樂與樂趣，還是相反呢？你是否能與人分享這些體驗和感受，還是說要分享這些事情很困難？回想的時候，有哪些記憶湧現？

現實性的界限

　　對孩童來說特別重要的一點是，他們不僅應該得到充滿愛與關懷的呵護及鼓勵，同時也要了解到自己的限制，而這些限制有時是由外界設定的。如果缺乏這項認知，孩童可能會發展出過度膨脹的自我心態，認為規則只適用於其他人而不適用於自己。這有可能讓他無法同理他人，無法感知或考量他人的需求與感受。

　　如此一來，這樣的人長大後，在職場或私生活中可能都很難實踐個人目標。而且這種過度自我的人也很容易與朋友、伴侶起衝突。

奧利弗今年五十六歲,是個有家室的人。他和前妻共同經營一家咖啡館。跟其他人互動的時候,他就像個沒教養的小孩。他不會自我介紹,總是問一些很冒失、探人隱私的問題,時常冷落他人,還會把腳擺在桌子上⋯⋯他毫不在意別人的感受與需求,也沒什麼同理心。奧利弗還有很嚴重的酗酒問題。他只有少數時候會履行父親的職責,常常在應該照顧小孩的時候忘記要出現,而且還讓前妻獨自擔起咖啡館的多數工作。

奧利弗的父親多年來也是個酒鬼,總是醉醺醺地躺在沙發上。他的母親是一位護理師,負責照顧小孩跟賺錢養家。奧利弗承繼了父親的行為,對他來說,把個人生活的責任和義務推給其他人是沒問題的。此外,母親當時不僅被工作重擔壓得喘不過氣,在六〇年代反威權主義教育理念的影響之下,她也認為孩子會自己長大,不需要替他們設定界限。

奧利弗是個「有樣學樣」(第120頁)的典型例子,他完全模仿了父親的行為。小時候的奧利弗鮮少受到關注,沒有人好好教他,所以他從來沒有學會遵守規則。作為一位成年人,他的幼稚行徑總是讓他陷入困境。如果其他人不願意忽視自己的需求,那就幾乎不可能與他建立緊密的關係。

問問自己

小時候有人替你設下健康的界限嗎？還是說你想做什麼就做什麼，甚至已經超出對你有益的範圍了？關於這點，你回想起哪些回憶呢？

所有例子都顯示，長期或持續侵犯基本需求會對孩子造成永久的傷害。這樣一來，小孩就無法學會如何滿足這些需求，甚至根本不了解這些需求。比方說，九十歲的烏瑟爾在童年時不能表達情感或欲望，現在她甚至講不出自己的需求是什麼。時至今日，她依然活在全然的屈服之中，所有行為都以整個社會對於可取的認知為導向。托比亞斯也是，因為家裡沒有人相信他有辦法成就任何事，他至今還是很依賴父母，行為表現也顯得很無能。但是，要是他有試著去做，憑他的聰明才智以及所受的教育肯定足以讓他達成目標。

幼稚行為的誘因：三個內在小孩

當人感覺到被拒絕、被拋棄或是處於壓力之下，我們特別容易想起童年的情境，因此也會掉入幼稚的行為模式當中。那麼，比方說親密感、安全感，以及獨立自主等基本需求看起來就會受到威脅。在這種狀態下，我們就會小題大作，但這不是

因為我們喜歡把事情鬧大、讓自己變得很重要，而是因為這個小事突然變得很龐大危險。我們來仔細探討內在小孩的三種類型：受傷的、被寵壞的，以及快樂的內在小孩。

如果受傷的內在小孩變得活躍，就會引發悲傷和壓抑感，比方說羞愧、孤獨、恐懼、無助、被拋棄、悲傷或面對風險危害。諾拉的狀況就是如此。小時候，她對愛、安全感與讚美鼓勵的需求一直沒有得到滿足，現在當她發現這種需求受到威脅的時候，哪怕只是一點點風險，她的反應就會表現出悲傷、感覺自己受傷了。另一方面，莎拉的行為則是由被寵壞的內在小孩所主導，所以遇到事情她的反應就是馬上發脾氣：

莎拉覺得自己受到了很差勁的對待。她的摯友莫妮卡到瑞典已經兩個禮拜了，但是一直沒有主動跟她聯絡！等到莫妮卡終於打電話來了，莎拉的反應卻非常高傲又固執，因為她認為莫妮卡顯然也不是很想知道她過得好不好……對於莎拉的反應，莫妮卡有點不明所以。

莎拉後來覺得自己有點蠢。她其實知道自己反應過度了。然而，她很清楚莫妮卡之所以沒打電話來，是因為對好朋友而言，她這個人根本不重要。除此之外，莎拉沒辦法接受其他可能的解釋，例如莫妮卡可能想趁著假期好好躲起來休息。所以，這種微不足道的小事，對她來說儼然是對於穩固人際關係之基本需求的威脅。

假如我們在某些情況下受到憤怒、生氣、衝動與蔑視所支配，嚴重到某種不合理的程度，就有可能是被寵壞的內在小孩在主導我們的情緒與行動。衝動代表不考慮後果、不思考代價、不考量自己，最重要的是不在乎別人，完全憑著一時的衝動來行事。這種時候，我們的行為可能會非常傷人、非常激進，以至於破壞持續多年的關係、危及工作，甚至讓自己與他人置身險境。這種人在童年的時候，可能沒有機會去好好學習如何處理應對在某些情況下產生的挫折感和其他負面情緒。

烏韋現年七十五歲，非常聰明，做事情其實也非常小心謹慎。不過，只要他一拿到方向盤，開車上路時就很容易情緒失控，這始終是一大問題。他完全沒辦法控制自己，一切都讓他心煩意亂。其他駕駛稍微違反交通規則，或者是有一點點「不小心」或「不太會」開車的行為出現時，他就會出現非常瘋狂的情緒反應。某次，有一輛車在紅綠燈前超他車，他整個人立刻大暴走，搖下車窗大喊：「下車，你這個白痴！」假如這個「白痴」對他的挑釁做出反應，下場可能會很慘。但在那個當下，烏韋完全沒有考量到這一點，他內心的憤怒瞬間爆發出來，毫不在乎後果如何。

最後一個則是快樂的內在小孩。這是我們心靈中健康完整的部分，它讓我們能夠輕鬆自在、好奇地進入情境中去體驗和

享受。在這種狀態下，輕鬆、興奮、好奇、樂趣、自在以及安全感占主導地位。人在這個時候能放膽玩耍，追求天馬行空的想法。快樂的內在小孩盡情玩樂的時候，我們會覺得被愛、與他人產生連結、有安全感、有價值、樂觀以及全然自發。

六十多歲的英格是一位社工。她很喜歡自己的工作，雖然工作挑戰性很高，但她總能找到生活的平衡。學水彩、練習太極拳……但最重要的是，英格總是能看到事物有趣好玩的那一面，她會以幽默的方式看待那些對朋友來說稀鬆平常的故事，而且能用風趣獨特的方式來講故事，讓每個人都笑到不行。年齡對她來說只是個數字，她總是能用充滿童真、對所有事物都充滿驚奇的孩童視角，來認知和表述這個世界。跟她相處，大家都相當放鬆快樂、無憂無慮，所以不管到哪裡她都很受歡迎。英格大方散播這種歡快的天真稚氣，讓身邊的每個人也想感染這種氛圍。

受傷的內在小孩：「在這個世界上孤單活著。」

被拋棄、被排擠、不信任、羞恥、自卑，以及情感被剝奪的感覺往往來自於童年經歷。失去重要的照顧者（也許是父母離異）、親近的人死亡，或者是類似的激烈經歷，都會讓這些感覺在我們心中萌芽。有時這些感受單獨發生，有時則一起出

現，而結果永遠一樣：我們覺得自己渺小脆弱。

多數人能清楚分辨哪些感覺對他們來說是特別有問題的。他們知道自己是一時被遺棄感、自卑感，或是兩者混雜的情緒所壓垮，導致失去能力、完全脫序失控。

會引發這些情緒的狀況也有很多種。以下案例研究能帶大家了解，在哪些情況下，你心中受傷的內在小孩或被寵壞的內在小孩會出現，以及會有哪些感受。讀者們或許會在其中的範例敘述看見自己的過往，並回想起類似的感覺或反應。

被遺棄

我們對安全依附的基本需求沒有得到滿足時，就會出現被遺棄的感受。這種感覺與普遍的不安全感相應而生，進而擴及影響到我們的自我認知以及對整個世界的認知。這會動搖我們的根基。每次與所愛之人分離都會留下一個傷口，只有經過漫長且痛苦的哀悼，傷口才會癒合。

不過，有些人會在實際上並沒有被拋下的情況下感到被遺棄，這是因為他們處於受傷的內在小孩狀態。即使身邊有親近的人，他們也感到孤獨，擔心自己很快會被拋棄。但實際上他們明明是被愛、受尊重的。

大家已經聽過莎拉的故事。莫妮卡是她真正的好朋友，她當然是竭盡所能地對莎拉好，這點莎拉其實也曉得。儘管如此，在某些情況中，她依然總會覺得自己被忽視、感到挫折，

甚至認為遭到背叛。這些人格特質正是來自受傷的內在小孩。

莎拉的心理受到嚴重打擊了。因為莫妮卡在沒有她的情況下，獨自去見了一位她們的共同朋友。她指責莫妮卡不關心她。要不然，莫妮卡大可約上莎拉，三個人一起碰面！

莎拉的反應非常誇張，也很不理性。但她沒有別的辦法，在友誼的排他性受到威脅的情況下，那些主導她童年經歷的情感就被喚醒了，那是一種被拋棄、被忽視的感受。在她的能力所及範圍內，除了擺出那種強硬卻又受傷的態度之外，她別無他法。受傷的內在小孩的不愉快感受，被那個被寵壞的內在小孩的感覺所淹沒，她想要馬上關掉孤單感和被遺棄的恐懼感。在這個前提之下，莎拉爆發的反應就更容易理解了，但對她周圍的人來說，這並不會讓關係變得更好。莎拉對待朋友的那種傲慢、賭氣態度，就清楚說明不同的內在小孩會如何互動、彼此影響。莎拉的行為最後可能會對莫妮卡這樣的朋友造成太大負擔，最後更加疏遠。所以，她的行為最後也傷害到自己。

被排擠

人類是社會性動物，需要與其他人接觸，就像呼吸空氣一樣不可或缺。除了接觸之外，我們還需要歸屬感，需要被接受和尊重的感覺。任何曾在國外生活過的人都知道那種沒有半個

認識的人、不知道能向誰傾訴心事，不曉得誰會欣然答應到你家來喝杯咖啡的感覺有多可怕。出於純粹的絕望，人在這種情況下會飢不擇食地建立第一批人際關係。

在人類的一生中，我們會隸屬於各式各樣不同的社群與團體，我們屬於一個家庭、一個學校班級、體操俱樂部、瑜珈團體。我們是工作同事、朋友，也有可能是室友。我們需要這種歸屬感。科學研究顯示，老年人一旦脫離社會結構，就會迅速老化衰退。假如你在退休後沒有跟同事往來，如果你的家庭與朋友圈隨著年齡增長而縮小，要是因為身體老化而越來越少跟子女兒孫往來，就很容易罹患失智症和老年憂鬱症。

不過，有些人則是一直處於缺乏歸屬感的狀態，他們深信自己「與眾不同」，認為自己不夠聰明、不夠有趣、不夠有魅力或自信，無法得到群體認可與接納。諾拉就是這樣的例子。

諾拉喜歡去上班。一般而言，辦公室氣氛非常愉快，同事之間互動良好、彼此尊重。有時同事會一起出去，比方說去街角的中餐館聚餐，或是一起逛聖誕市集。多數時候，諾拉在這個環境都很自在愉快。一般來說，她覺得雖然自己比較內向安靜，但同事都很欣賞、喜歡她。但是，如果同事沒有明確開口邀諾拉加入，她就會突然覺得自己被排擠了，不屬於群體的一份子。

客觀來看，單純因為一次沒有受邀，並不代表同事就不喜

歡她。這可能有很多原因，或許那次活動只有幾位特別要好的同事要去，可能是某個特殊小組有重要的事要討論，又或者那單純只是團體活動（這也是最有可能的），想參加的人直接自行加入就行。但諾拉根本沒有去思考其他可能的情況。她的整個學生時期都是在同學排擠中度過的，難受的經歷在她心中留下了深刻、遲遲無法結痂的傷口。所以，長大後即便只是這種無害、無傷大雅的同事用餐，也會讓陳年舊傷立刻復發、發炎刺痛。

小時候，有很多原因會讓我們被迫面對這種沒有歸屬、與整個世界隔絕的感覺，像是經常搬家、少數宗教信仰，或者屬於被邊緣化的社會群體等。這樣的人多少都會遭受被排擠的對待，而孩童在這方面特別脆弱敏感、難以消化應對。但不管原因為何，年少時在受傷的內在小孩指引下長期缺乏歸屬感的人，成年後會反覆體驗這種情緒感受，就連在相對無害的情況下也依舊如此。

不信任感

不會有人覺得世界是一個完全溫暖友好的存在、是能讓人感到全然幸福自在的環境，也不會認為其他人永遠會對我們親切友善。在童年與青春期，每個人都有過被捉弄或嘲笑的經驗，也遇過有人濫用我們的天真、以粗暴不友善的態度對待我

們，或者是惡意相待、傷害我們的感情。一般來說，我們都能順利消化、接受這些經歷。但偶爾也有例外。有些經歷徹底壓垮了我們自我修復和復原的能力，深深烙印在我們身上，留下無法自行癒合的痕跡或傷疤，也就是所謂的「創傷」，其中包含無助和痛苦的極端遭遇，比方說性虐待、暴力和精神虐待等經歷，或是在危及生命的境況下生存。這些經驗不僅會在當事人身上留下痛苦與恥辱，往往在當事人面對那些會誘發他們想起創傷的人事物時，也會產生深深的不信任感。

卡特琳是一位開朗的年輕女子。在別人眼中，她看起來無憂無慮、無牽無掛。但許多人都不曉得，卡特琳無法接受男人的靠近與觸碰。即便是無害的恭維或調情，也會讓她徹底驚嚇反彈。她會全身僵硬，眼眶含淚離開房間。當喝醉酒的鄰居在走廊上偷抓她的臀部時，她沒對他大叫，而是整個人動彈不得嚇壞了，最後在極度不安的狀態下去報警。

卡特琳小時候曾被鋼琴老師性騷擾。鋼琴老師是一位年長的宗教狂熱者，頭髮總是梳滿髮油，在他的小型汽車上貼滿彩色的動物保護與耶穌貼紙。卡特琳還記得他身上的氣味和那些繽紛的貼紙。她當時沒有告訴母親發生什麼事，因為她很羞愧，認為這是自己的錯，而且也不知道鋼琴老師是否真的做錯了什麼。雖然從某個時刻開始，她母親開始起了疑心，卡特琳的衣服聞起來有個怪味，似乎是鋼琴老師頭上抹的堅果油。她

稍微警告了他，但雙方從來沒有正式談過這件事。直到現在，羞愧感依舊非常強烈，而且不僅是卡特琳，她母親也是如此。

　　像卡特琳這樣的人對於潛在威脅的徵兆極為敏感，他們一直處於警戒狀態，不希望又落入那種無助、任人擺布的境況。在卡特琳的案例中，就連一般男性的無害調情也會讓她恐慌不已。這種現象也有可能出現在截然不同的情境中，重點在於那件事情對當事人來說是一種創傷。比方說，一個小時候在上學途中總是被同學欺負的人，長大後如果有人在他身後走得很近，他就有可能會受不了。所以說，就算在完全無害的情境下，受傷的內在小孩所代表的情緒依舊有可能被喚醒。如果我們察覺到這一點，就能開始治癒受傷的內在小孩，讓身為成年人的我們做出適當的反應、合理的感受。

羞恥與自卑

　　「拜託，他好蠢！」、「米蓮娜好臭！」或是「你看那隻母豬！」，人有時就是會這樣貶低其他人。有時這是出於不安全感，因為他們害怕自己成為羞辱和貶低的受害者，有時則是為了體驗一時的權力。兒童有時候格外無情，他們會憑著一種篤定的直覺，精準找到對方的弱點，不假思索朝那個地方踩下去。但成人有時也很殘酷。

　　羞辱與嘲諷會深深傷害一個人。但整體來說，成年人比孩

童更能承受羞辱與嘲諷。這是因為兒童對自我的認識和能力還沒有一個健全的認知。他們的自我形象尚未定型，立場還不是很堅定穩固，可塑性非常強。家長隨口說出女兒胖嘟嘟這種不經意的言論，都會深烙在她心裡，導致她在未來很長一段時間不滿於自己的外表，反覆掙扎抵抗，嚴重的話還有可能出現飲食失調的病症。受到貶低或羞辱的孩童，往往會產生一種覺得自己不夠好、很差勁，或不受歡迎的感覺，而這些感覺會持續存在。這樣的人深信自己不值得別人的愛，不值得被關注或受尊重。這往往伴隨著一種深刻的羞恥感。

不過，每個孩子受到羞恥感影響的程度不同。有些小孩天生復原能力較強，不會把羞辱嘲諷放在心上，有相當強大的自我修復機制，並且懂得去尋求另一種能讓自己得到認可與重視的環境。而有些孩子在某種程度上是注定要被別人嘲笑和折磨的，像諾拉一樣，這些小孩通常是班上的「新同學」，屬於不醒目、邊緣的小團體，或者是因為其他原因而不符合主流標準的人。這些孩子往往特別脆弱，因此也是羞辱與欺凌的頭號受害者。

每次布萊恩在路上巧遇以前的同學，或是當火車駛入家鄉的車站時，他還是會感到惶恐與憤怒。但平常，在一般社會情境下，他是一位非常自信開朗的人。他有很多朋友，到哪都相當受歡迎，因為他很有魅力、有同理心，也十分幽默風趣。

布萊恩就讀所謂的菁英學校，同學都是老師或醫生的小孩。布萊恩從小就是個特別的孩子，有著不尋常的品味。狂歡節的時候，他都以農家女或公主的裝扮亮相，六歲時他就知道：「我以後要嫁給保羅，而且我要穿黃色的婚紗。」

但是隨著青春期到來，一切都變了。同學之前所接受的那種另類、與眾不同，現在突然有了一個標籤，而布萊恩也無意隱藏或否定自己。他開始化妝、打扮得很古怪，拿著白色手提包，穿著虎紋長褲，外套上別了水鑽胸針。這種行徑受到懲罰。在布萊恩每天回家必經的地下道粉白牆面上，大大的黑字寫著：「布萊恩是同性戀。」敵意與羞辱是他的日常，有些老師的行徑也讓他感到自卑，例如法文老師就當著全班面前表示：「我其實不喜歡同性戀，但我尊重你。」

情感剝奪

有些父母其實當得很稱職。家庭氣氛基本上非常和諧，大家都遵守既定的規則，孩子也得到他們所需的一切。但真的是一切嗎？那倒未必。有個關鍵需求沒被滿足：親密感與愛。在這種家庭長大的人通常會說「目前為止一切都很好」，他們確實沒什麼好抱怨。各個層面的照顧都無微不至，唯獨缺乏情感方面的關懷。可是孩子需要被愛的感覺，需要確信自己是受到關愛呵護與重視。這樣被情感剝奪的孩子長大後，往往不會承受太嚴重的痛苦。畢竟，他們根本不曉得自己究竟錯失了什

麼，但是他們也從來沒有好好感受過那種被別人重視、疼愛的感覺。

　　烏瑟爾這輩子有許多成就，她在戰時和戰後餵飽一家人、撫養兩個孩子長大、全心全力支持丈夫，是一位完美的家庭主婦。她將全家人照顧得無微不致。但在幾年前，兒子卻向她抱怨，她從來沒有愛過他。起先她很憤怒，畢竟她什麼事都為他做了，也犧牲了這麼多，還原諒他諸多踰矩行為，如今他才得以成為成功人士。但她後來也開始有了疑慮。她對自己的母親究竟是什麼感覺？對丈夫、對孩子又是什麼感覺？她是否曾經對另一個人產生過真正的親密感？她知道丈夫非常愛她，但是她有感覺到嗎？最重要的是，她是否回應了丈夫的愛？烏瑟爾自己就是這樣長大的：親密感與愛單純以一種非常中介、間接的形式存在。說到底，感受和需求是丟臉可笑的東西。她怎麼可能理解什麼是親密和情感？

那你呢？

　　現在，大家大致了解受傷的內在小孩是怎麼一回事、什麼時候會出現，以及會帶來哪些感受。或許你大概也已經辨識出某些情況，或者意識到某些感受了。但是請注意，我們都有過羞愧、不信任以及被拋棄的感受。說真的，生活不是永遠光明美好，我們會被拋棄、被傷害或被欺騙。遺憾的是，這些都是

我們在成人生活中反覆面對的經歷。假如在當前情況下，羞愧與不信任感是合理的，我們的行為就不是由幼稚的思維模式所主導，而是對具體經歷的適當情緒反應。以下陳述應該能讓大家再次準確判斷。請靜下心來好好閱讀這幾句話，然後盡可能去反思、判斷：

- 我經常覺得自己在這個世界上很孤獨。
- 我感到軟弱和無助。
- 我覺得沒有人愛我。

如果你大致上認為這些陳述符合你的狀況，很可能顯示了你的感受被受傷的內在小孩支配。如果是這樣，下個步驟就是探查這些情緒狀態的源頭，去了解那些在童年時深受傷害的情境，因為這些情境的情緒反應至今依然迴盪在你的日常生活中。為此，我們可以進行所謂的想像練習。以下練習能讓大家體驗受傷的內在小孩感受。請先仔細閱讀，然後找個安靜的地方，靜下來做十五分鐘的練習。

想像練習：尋找受傷的內在小孩

找個舒服自在的姿勢，閉上眼睛。深呼吸，專注覺察氣息的吸吐，感覺空氣進出身體的方式。接著，想像你最

近感到孤獨、害怕或受傷的情況（即便對當時的情境來說，這些情緒或許有些不恰當）。讓想像力帶你進入情境中，彷彿事情再次上演。

你有什麼感覺？你可以替這些感覺命名嗎？你能從身體上感覺到這些情緒嗎？當時的情況是什麼？傷害你的原因是什麼？你希望自己怎麼做？為什麼你沒有這麼做？

進入當前情境的情緒後，再去回想童年。慢慢來，靜下來觀察此刻你想起了哪些往事。

你在這些回憶中看到誰？這些回憶跟現在的感受可能有哪些連結？

給自己充分時間去慢慢感受這些畫面及回憶，然後按照自己的節奏來完成練習。

在你的日常生活中，觀察這些感受何時出現。

回答以下問題，並將答案寫進你的心靈地圖中。

- 會喚醒我心中受傷的內在小孩的典型因素是什麼？在哪些情況下會出現？
- 當我處於這種狀態時，會出現什麼感覺？不信任感嗎？還是焦慮？孤單？
- 當我處於這種狀態時，會有什麼想法？
- 當我想到受傷的內在小孩，會觸發哪些回憶或內心的圖像？是童年記憶嗎？還是對父母、老師或同學的記憶？

- 在這種模式之中，我的身體感覺如何？是否感覺喉嚨或胃部好像卡了什麼東西？會感到有東西壓在胸口上嗎？
- 我的感受被受傷的內在小孩主導時，我是如何反應的？我通常如何應對？我如何與其他人互動相處？

　　莎拉或許能回答這些問題：她受傷的內在小孩，在失去絕對忠誠和關注的情況下會出現。這種時候，她會覺得自己被拋棄與背叛、感到孤獨。她無法客觀分析情況，也無法站在對方的立場思考。如果她探詢自己的內心，追溯她與這些感覺和情境相關的畫面、記憶，可能會出現童年時被父親拋棄或被母親推回去的經歷。在這些時刻，她對安全感與親密接觸的幼稚需求沒有得到滿足、受到了忽視。

　　隨著時間拉長以及持續保持關注覺察，你會越來越善於辨識自己心中受傷的內在小孩，並理解這個小孩為什麼會在特定情況下現身。

其他人呢？

　　假設你是莎拉的朋友莫妮卡。她要如何去意識到莎拉有一個受傷的內在小孩？線索之一是莎拉覺得自己被排擠了。在最微不足道的狀況下，莎拉也會反應過度。有時候莫妮卡甚至不

曉得是什麼事讓莎拉不高興,她時常對這種反應與情緒強度感到錯愕。

另一個徵兆是,莎拉根本不接受莫妮卡的解釋。她完全封閉自己,無法接受莫妮卡試圖給出的解釋。對她而言答案只有一個,那就是她自己對整件事的詮釋。

最後一個跡象,可能是那個人反覆透過詢問來消除疑慮,比方說:「你確定你真的想要我一起去參加朋友聚會嗎?」

在你認識的人當中,也有人時不時會遵循受傷的內在小孩的行為模式來行動嗎?那個人是你的朋友、親人或認識的人嗎?你還記得當時的情況嗎?你能以某種方式來解釋,為什麼這種行為在這個特殊情況下被觸發嗎?你對他可能的感受有什麼想法?他在那一刻究竟想要什麼、需要什麼?

另外,你在這種情況下的實際感受是什麼?你是否想幫助這個人、安慰他、擁抱他,試圖讓他心情好起來?還是搖搖他們的肩膀、對他們大吼大叫?或者想離開現場?你是感到同情,還是無助和不知所措,抑或是憤怒,因為那個人在那一刻根本不願意接受你的解釋?

如果你能好好記得自己的反應,或許就能進一步理解當受傷的內在小孩控制你時,其他人會是什麼感受。

檢視我心中受傷的內在小孩

受傷的內在小孩命名為：

我如何去察覺到自己的思考模式、行動與感覺是由受傷的內在
小孩所控制？

喚醒受傷的內在小孩的典型要素有哪些？

那時我有什麼感覺？

然後我會有什麼想法？

有哪些相關的回憶，或被喚醒的回憶？

受傷的內在小孩控制我時，身體會有什麼感覺？

_____

_____

在這種狀態下，我通常會有哪些行為反應？

_____

_____

當我感受到受傷的內在小孩時，我是否經常切換到不同的行為
模式？比方說被寵壞的內在小孩行為或某種應對形式。是哪一
種？

_____

_____

當受傷的內在小孩引導我時，我需要的是什麼？我有哪些需
求？

_____

_____

我的行為是否有滿足我的實際需求？比方說對情感的需求。

_____

_____

被寵壞的內在小孩：「我要為這件事報復！」

受傷的內在小孩的行為模式，就像穿著太小且擠腳的鞋子走路。而被寵壞的內在小孩就像戴著騎士頭套和披著紅色披風，象徵著情緒憤怒的人。處於這種狀態的人有所謂的「沸騰感受」，比方說憤怒、狂暴與衝動莽撞。這種人往往不覺得自己長大了，做人做事就像個孩子，他們不受拘束，也無力照顧自己。當被寵壞的內在小孩主導一切時，他們可能會完全「失去自我」，情緒與行動徹底失控。他們不再思考，全然受憤怒所支配，反應輕率或衝動。

在這個情況中，這些強烈的感受也來自童年時沒有得到滿足的情感需求。這裡我們也要再次說明，這些需求在任何年齡段都是合理的，這些需求是完全正常的。但如果我們內在的小孩在成年後依然憤怒，對於不滿足的反應就是不恰當、是小題大作的。

被寵壞的內在小孩還有另一個特色，就是經常和受傷的內在小孩一起出現。所以我們會體驗到一種混合的感覺：無助和憤怒、孤獨和敵對的綜合感受非常強烈。想想莎拉與朋友莫妮卡的關係：莎拉同時感到無助、受傷和憤怒。她的行為首先是拒絕和固執，但她其實害怕再次被拋棄。或許你也有過這種經驗，你其實很生氣，因為覺得自己受到不公平的待遇，但你沒有把自己不喜歡的事情講出來，也沒有把憤怒表現出來或是在

溝通時講話變得比較大聲，而是掉下眼淚。或者是另一種狀況，你很想念某人，但是當那個人真的回來的時候，你卻表現得很不友善、很刻薄。

如果被寵壞的內在小孩現身，就會出現截然不同的情緒。你可以在一系列的負面情緒中做「選擇」。所以，重點是要先弄清楚哪些情緒對你來說是最重要的，以及為什麼。你是憤怒還是不甘心？你是否覺得受到不公平的待遇，並為此感到憤怒？或者你不甘接受自己只受到跟別人一樣的待遇？你是受到傷害還是被寵壞了？

透過以下的案例探討，我想協助大家更準確辨識被寵壞的內在小孩感受，同時也去了解在什麼情況下這個小孩會現身。這些案例一方面能讓大家知道有哪些情境會喚醒被寵壞的內在小孩，另一方面，你也可以藉此機會感覺一下，相似的情境是否也會喚起你的相應感受。

生氣

生氣通常是因為基本的情感需求沒有得到滿足，或者是覺得受到不公平對待所產生。這可能是因為你在一項專案上有很大貢獻，但老闆不願意將功勞歸於你。或者，你的伴侶可能沒有注意到，你為了讓家庭生活順利運行，每天都把自己逼到極限。

每個人表達生氣的方式不同，有些人以苛求和責備的形式

來表達:「你每次都讓麵包乾掉。」「你都不洗碗!」或者「你有沒有考慮過我的感受?」有些人則是傷害對方的感受、粗暴對待他人的需求,並反過來表現出那種不為他人著想、任性妄為的行徑(他們覺得自己是這種行為的受害者)。還有另一種人選擇忍氣吞聲。我們並不會只選擇一種表達方式,我們處理憤怒的方法,基本上大幅取決於當時的情況和心情。與老闆交談時,我們傾向忍氣吞聲。與伴侶溝通時,我們通常會透過指控與責備的形式來表達。

　　茱莉亞快三十歲了,還是不太會拒絕別人,碰到跟工作相關的事尤其不會說「不」。她發現自己不太會劃分界線,很難告訴別人說她做不到某些事,或者指出某些工作流程有問題。所以,有些事情她必須做兩次,還得承受其實她原本可以避免的壓力,甚至接手別人的工作。她從來沒有因此得到感謝獲表揚。額外的工作量也沒有反映在薪資中。反之,上司對她並不友善、總是早退,公司一忙起來還會大大方方地請病假。雖然茱莉亞一直以來都覺得自己被利用了,但她什麼也沒說。起初,她忍氣吞聲,不過她跟朋友聊天的時候總是顯得十分不滿又氣憤。每次朋友聚會她都會抱怨自己的困境,卻不太願意接受朋友的建議。

　　茱莉亞談到自己的母親時,也對母親持續不斷的抱怨感到惱怒。她母親沒有試著去改變自己的處境或把問題拿出來講清

楚，而是幫她父親打理一切、在他背後收拾打掃、為他服務。這種持續不斷的抱怨也搞得茉莉亞很不爽。但茉莉亞沒有意識到，其實她自己跟母親的行為如出一轍：持續抱怨和責罵，但不覺得自己有能力改變任何事。

暴怒

生氣與暴怒的區別在於強度。如果生氣是一場小火，那暴怒就是森林大火。暴怒時，我們會完全失去控制，被憤怒蒙蔽雙眼，除了憤怒之外什麼東西都感覺不到，也絲毫不會去考量行為的後果。暴怒之下，任何東西都有可能遭到破壞，甚至造成極度的重創。憤怒所釋放的力量難以預知也無法預測，一般而言，憤怒通常可以透過小心謹慎與深思熟慮加以撫平。然而，一旦被憤怒沖昏頭，即便是個小孩，也需要花費極大的力氣才能使其平息。

暴怒的原因往往是我們覺得自己的需求被踐踏了。多數人在感到無助，並認為必須保護自己免於對方傷害時，就會產生暴怒的反應。

利亞姆今年二十三歲，在一個非常困難的家庭環境中長大。他的父母都沉迷於酒精與毒品。利亞姆很小就必須自立自強，還有許多被拒絕和面對風險危害的經歷。所以，即便現在處於比較理想的關係中，他也不期望會得到愛，而且總是覺得

自己會繼續被人晾在一旁。一碰到挫折，即使是微不足道的挫折，他都會極端暴怒且充滿敵意。某回相似的情境中，那時的他也是立刻對表妹一頓飆罵。但其實長久以來表妹一直都溫柔陪伴在他身邊。這次，表妹犯了一個「錯誤」，她在利亞姆的母親來電時，把電話接起來了。利亞姆聽到這件事情之後就失控了，他根本冷靜不下來，過一陣子表妹為此氣沖沖走了。利亞姆非常生氣，他把桌上的餐具全部掃到地上，杯盤刀叉鏗鏘掉落地面，不少器皿被打碎了，牆面跟地板上灑滿了食物跟湯汁。

看著眼前混亂的場面，他的心情才慢慢沉澱下來。他花了一個小時才把雜亂的現場恢復原狀。利亞姆很難過，並感到自己被拋棄了。他之所以暴怒，是因為害怕表妹也會離開和背叛他，才會做出這種恐懼反應。

執拗

奧斯卡‧王爾德（Oscar Wilde）說：「處理忠告最好的辦法是把它傳下去，因為忠告對你來說根本一點用也沒有。」確實如此，而且不請自來的忠告，通常還會讓人有一種被剝奪行為能力的感受。那些不斷告訴我們哪裡做錯了、如何把事情做得更好的人，其實非常討人厭，而且他們往往都高估了自己的能力。

拒絕這種過分的要求是一種正當的反應。這就是我們主張

個人自主權的方式，隨之而來的執拗抵抗也完全正常。但有時候，即便對方只是為我們好、並沒有想要透過任何方式來剝奪我們的能力，也未曾質疑我們的獨立自主性，我們的反應還是相當執拗。有時我們甚至會拒絕聽從自己原本也會認同的建議，只是因為覺得這麼做不符合自己的性格。這時，我們的行為中就會有些幼稚的部分，對於與我們互動的人而言這是不成熟的舉動。

茉莉亞已經抱怨工作好幾年了，抱怨的內容永遠一樣：她被人利用了、大家都不關心她、永遠都在承受壓力⋯⋯在這些抱怨中，她總覺得自己無能為力、受人擺布，彷彿別無選擇，好像她必須忍受這一切。當她的朋友小心翼翼問她，是否能跟上司談談、告訴上司這個狀況時，茉莉亞就會變得很暴躁執拗，說著她可不想要丟掉工作。畢竟她只是個員工，不能跟老闆抱怨。

衝動

衝動的人傾向於追尋個人一時興起的需求，而不去考量這對他人或自己可能會造成哪些負面影響。帳戶是空的、衣櫃是滿的？沒關係，那件紅色的喀什米爾羊毛毛衣不能不買！交件期限已經快到了，老闆對我的信任和遲交額度也已經耗盡？沒關係，我還是想去爬山！我的伴侶疲勞到不行，我也已經三個

禮拜沒有好好花時間陪小孩。沒關係！我要去追最愛的影集！

衝動行為的表現方式有很多種，但目的永遠都是要毫無節制地滿足一切需求。所以你總是做一些未來會後悔的事，從客觀來看這是不明智的，外人通常一眼就能看出，他們往往也只能對這種愚蠢的行為搖頭。只有等到事後，你才會問自己：「我到底在想什麼？」而答案很簡單，你什麼都沒想！因為在衝動之下，人完全不會思考！被寵壞的內在小孩只在乎是否能在特定時刻得到想要的東西。

珍妮佛最近從家裡搬出去，住在學生宿舍。她的房間很小、很醜、很髒──不過，一切都太棒了！每天晚上都有派對可以去，也可以跟室友一起做些胡鬧的蠢事。大家瘋狂喝酒、有說有笑，還可以和曖昧對象調情。珍妮佛很喜歡這種新生活，來自世界各地的有趣人們、有趣好玩的談話內容，以及時時刻刻都能玩耍的樂趣，一切都充滿了驚喜。她有時候也會去大學上課，但多數時候她早上都累到爬不起來。她常常下定決心要更常去聽課，但不知為何卻還是老睡過頭。

直到學期末她才猛然醒悟，她坐在考場上，腦子一片空白。這學期她真的什麼都沒學到嗎？她到底在想什麼？更嚴重的是，她已經徹底破產了！她完全沒有注意到自己花了太多錢。

珍妮佛在一個相當混亂的家庭長大。父母沒什麼時間照顧

她，基本上她是由姐姐帶大的。父母在家時也沒有對她設下任何規矩和界限，因為他們覺得孩子什麼都該嘗試。

嬌生慣養

跟嬌生慣養的人相比，衝動的人基本上知道自己正在做蠢事，而且他們也知道自己必須在某個時間點承擔衝動的後果。隔天早上，他們帶著宿醉醒來，會後悔昨晚喝太多，抱著頭對自己的愚行感到憤怒。這種形式的自我批判是被寵壞的人所缺乏的。那些被寵壞的人，通常認為自己適用特殊規則，甚至沒有任何規則能約束他們，而且不覺得自己跟其他人必須承擔同樣的責任義務。他們不認為自己的行為該有什麼責任，深信由別人幫他們解決問題是可以的，而且自身的行為頂多只會影響周遭的人。

擁有被寵壞的內在小孩的人，童年往往是被保護在夢幻泡泡中，所以會嬌生慣養。然而，遇到具有挑戰性的情境時，他們未必會有強烈的感受。當其他人不容忍他們的需求或設下限制時，他們最有可能的反應是感到惱怒或是被冒犯了。

利努斯，我們前面提過的IT專家，他的朋友很少，最好的朋友朱里是學生時期就認識的朋友。小時候他們總是形影不離，但長大之後分歧越來越大。利努斯總是認為朱里理所當然會幫忙做他自己不願意做的事。雖然他已經在自己的公寓裡住

了好幾年，但他的戶籍還是登記在朱里家。他期望朱里能在收到重要信件時通知他，並自動把信件轉給他。另外，由於他的公寓離市中心有點遠，所以也常常在朱里那邊過夜。他有朱里公寓的鑰匙，每次要過去之前就打個電話通知。

朱里也認識利努斯的母親。他理解為什麼利努斯這位朋友如此依賴他人、嬌生慣養。他對利努斯有諸多不滿，比方說他在聊天過程中會占據所有時間，只顧著講自己的事，而從來不關心朱里的近況。或者，當朱里需要幫忙的時候他總是沒空，自己卻不斷要求朱里幫他忙。還有一次，朱里要去幫他搬家，利努斯竟然還穿著睡衣，完全還沒開始打包。久而久之，兩人之間這種不對稱的友誼關係對朱里來說已經太超過了，所以朱里開始疏遠利努斯。說到底，友誼並不是一種照護關係，至少不是長期的照護服務。

缺乏紀律

幾乎每個人都有不自律的時候，這也不是件壞事。普魯士精神的自律很少能讓人幸福快樂。但話說回來，假如一位成年人無法認真妥當地完成日常工作，就無法主張自己是獨立自主的，也不可能實現個人目標。那些完全沒有毅力的人，不會有任何成就；那些認為要履行日常義務太過困難的人，最後可能會陷入棘手的境地；那些永遠都在拖延工作的人，會反覆承受龐大壓力，而且無法完成工作，但其實根本就沒有道理推遲或

開天窗。

內心缺乏自律的人未必是嬌生慣養的，他們未必會把不愉快的任務都丟給別人來做。但這種組合很常見，以利努斯為例：

被寵壞的內在小孩與缺乏紀律的小孩，兩種特質結合起來對一個人有多不利，這點完全體現在利努斯身上。他沒有辦法完成乏味、無聊的日常工作，而且他真心認為自己沒有必要去做。比方說，找房子一方面是件麻煩事，但另一方面也不是必要的，因為母親會幫他找到能暫時借住的地方。去戶政機關辦理遷戶籍很麻煩，但也不是那麼必要，因為就算他搬出舊家兩年了，朱里還是會繼續幫他處理寄來的信件。遵守完工交件期限對他來說也很困難，只有在極端壓力之下他才能完成工作。但是，壓力對他而言通常太龐大，所以在把未完成的工作交出去之前，他就會辭職。

由於受到過度保護，利努斯既沒有學會忍耐無聊工作的挫折，也沒有學會自己承擔行為的後果。直至今日，母親依然沒有給他機會學習這兩件事。他那被寵壞的內在小孩依然妨礙著他，使他無法在事業上站穩腳步並進一步發展。

那你呢？

暴怒與生氣是很正常的，一般而言也是很健康的情緒發

洩。暴怒的理由很多，比方說遇到不公正或粗暴無禮的對待，或者其他人以不可理喻的方式行事並對你造成永久傷害，事後也沒有想過要道歉。如果你時不時為這些事情生氣，那完全是合理的。如果你從來不生氣，那反而比較讓人擔心。

這個道理同樣適用於人有時會把不想做的事情拖在那裡放著的習慣。幾乎每個人都有過這種經驗。大家都更願意去做快樂有趣的事，然後拖延不好玩又無聊乏味的工作，這其實很合乎邏輯。

只有在暴怒與衝動成為一種常見的反應模式，並且反覆在職場上、人際關係中，甚至在朋友之間造成衝突時，才是問題。這些衝突之所以出現，通常是因為周遭的人無法理解我們過度激烈的行為。

以下整理了一些敘述，幫助讀者判斷你是否受到被寵壞的內在小孩引導，或者你只是在正常、合理的情況下偶爾感到憤怒與不甘心。這些敘述只是例子，最重要的還是你自己的想法：你是否容易出現不恰當的憤怒反應？你有時是否過於衝動地想滿足需求？你是否有在做判斷？

- 一旦我脾氣上來，就會滿臉漲紅。我有時真的會失去控制、徹底暴怒。
- 我什麼都想要，而且現在就想要！我想做什麼就做什麼，完全不考慮別人的感受和需要。

- 我破壞規則、做蠢事、滿足眼前的需求，而且做事完全不考慮後果。但事後我後悔了，對自己的愚蠢行為感到憤怒。
- 我覺得我不必遵守其他人遵守的規定，適用於他人的責任義務並不適用於我。
- 說真的，別人常常告訴我，說我有時會無理取鬧、暴躁易怒或是嬌生慣養。

受傷的內在小孩和被寵壞的內在小孩通常會一起出現。我們都曉得生氣或受傷、悲傷或憤怒是什麼感覺。然而，這些狀態從根本上來說其實是不同的：受傷的內在小孩幾乎只會產生負面情緒，例如悲傷、被拋棄，或脆弱受傷的感受。而在被寵壞的內在小孩的情況，當事人通常會覺得自己是強大有力的。他們有一種成功反抗的感覺，有時候還會相當自豪，因為他們終於向對方表明界限、不願忍受任何東西，「我讓他知道我的底線了！」「我終於爆炸發飆了。」「他以為他可以要求我做這種事，想得美！」當我們再次爆氣大聲說話的時候，類似的短語在我們腦中嗡嗡作響。通常，我們會在事後感到羞愧。回想起來，我們的行徑似乎有些小題大作，留下來的只剩羞愧、被拋棄，以及新的衝突。

馬上滿足眼前的需求，這種感覺一開始會讓人感覺超棒！就算有其他更緊急的事情需要先去做，但誰不喜歡買新毛衣、

大吃大喝、讓自己放鬆自在呢？偶爾放縱一下，對自己不要那麼嚴格，這一點也沒錯。反之，不能這樣做的人是有問題的。不照顧自己的人可能會背負太多責任，甚至可能出現倦怠過勞的症狀。立即滿足被寵壞的小孩的需求，這種行為只有在以下狀況才會變成問題：短期內雖然令人愉快，但隨時間推展，長期下來結果將會產生巨大麻煩與困難。完全缺乏自律與耐力的人無法實現遠程目標，而那些將所有工作都甩給別人的人，最後會發現其實自己相當孤獨。

在日常生活中，我們得不斷在隨心所欲的需求和自律之間做出抉擇：刷牙很麻煩，但如果不刷牙，結果會很痛苦、代價高昂。每天做背部伸展運動很累，我們大可在床上多躺二十分鐘，但辛苦是值得的，其他人都在抱怨背痛難受的時候，我們能輕鬆坐下來休息。

最一開始發現憤怒與驕縱會造成問題的人，不會是我們自己，而是身邊的其他人。所以，如果你擔心被寵壞的內在小孩會不時從你心裡甦醒，不妨問問身邊的親朋好友。如果你從其中幾個人口中反覆聽見類似的事，那可能就是有問題了。

坦承內心有一個被寵壞的小孩，是一件很尷尬、不愉快的事情。但下定決心去審視這些問題也是一個了不起的成就！

為了確定自己的懷疑是否為真，還必須加以了解內心的這部分從何而來、是什麼觸發了它，以及你對此有什麼感覺。

- 喚醒我心中被寵壞的內在小孩的典型因素是什麼？哪些情況下會出現這種行為？

- 當我處於這種狀態時會出現什麼感覺？是挫折、生氣、暴怒，還是執拗？哪些感覺比較外顯，哪些感覺則隱約在底層流動？我覺得自己很強大還是軟弱？

- 像孩子一樣情緒爆發之後，我是否經常感到悲傷？還是這兩種感覺常常混在一起？

- 被寵壞的內在小孩主導我的行動時，我通常有哪些想法？許多人會覺得自己受到不公平對待，對我來說也是如此嗎？我所感知的那種不公平，又是由什麼東西所組成？

- 想到自己幼稚的暴怒行為時，會勾起哪些回憶或圖像？這些是來自童年的記憶嗎？來自父母、老師或同學說過的話嗎？

- 被寵壞的內在小孩控制著我時，我通常如何表現？我是如何對待身邊其他人？我對別人的反應如何，別人對我的反應又是如何？這種互動方式讓我想起什麼？想到童年時候的某些人或情境嗎？

如果要回答這些問題，大家可以試著做做看第84頁的練習。以最近期的事件開始，找找看生活中觸發被寵壞的內在小孩、幼稚的脾氣或不適當暴怒的情況。

利亞姆可以回答這些問題。促使他過度暴怒的因素，是在他要求絕對忠誠以及關注，卻被別人拒絕的時候。他首先會感到憤怒。憤怒的作用是讓他感覺自己暫時掌控了局面。同時，利亞姆也感受到自己的軟弱和無助。對他而言，被寵壞的內在小孩總是跟受傷的內在小孩一起出現。正是這種被不公平對待和背叛的感覺，勾起他的敵對反應。如果他要探查自己的內心、追溯與這些感覺相關的圖像和記憶，那很有可能會是來自童年的情景。在這些情景中，父親喝醉了，讓全家人都很難堪。或是母親只顧自己，完全忽略利亞姆的需求……諸如此類感到威脅與孤獨的記憶和畫面。在這些時刻，他對安全與連結的幼稚需求遭到蔑視及忽略。利亞姆身邊的人通常會用疏遠與抽離，來面對他的不受控制、敵意侵略、咄咄逼人和不願妥協的行徑。

其他人呢？

再想想看烏韋的狀況，他是一位攻擊性很強的駕駛，時常在開車時被憤怒所淹沒，以至於高估自身的能力，把自己置身險境。烏韋不僅容易在車內暴怒發火，在家裡也很容易脾氣失控。有時候只是一個很大聲的噪音、盤子的碰撞聲、手腳笨拙的小動作，或者是有人忘記關客廳的門，就足以讓烏韋大發飆。這種時候，妻子都稱他為「凶狠的小惡魔」，會暫時離開房間幾分鐘，等到烏韋重新冷靜下來。

碰到認識的人一次次出現過度反應、無緣無故激動起來的時候，我們常會有一種感覺，彷彿自己是事件目擊者，見證了不成熟行為的發生。多數時候，我們都能判斷對方的憤怒或氣惱是否合理適宜。我們都認識那種會因為一些小事而大發雷霆、沒完沒了的人。如果在咖啡廳裡多等個五分鐘，他們就會急著直接把經理喊出來。如果游泳池在沒有通知的情況下關閉，他們會大吵大鬧。被問及此事是否真的這麼嚴重、值得氣成這樣，他們會顯得很急躁易怒，有時候還會掉淚。

　　遇到那種被受傷的內在小孩所主導的人，我們通常會在本能之下感到同情與憐憫，想給予對方安慰和協助。但是，當身邊有人受到被寵壞的內在小孩所支配，我們也會陷入憤怒的情緒或感到無助。和這樣的人一起生活很困難，雙方總會一次又一次陷入同樣不愉快、看似前途渺茫的情況當中。我們往往難以理解為什麼這個其實也充滿關愛、能夠理解他人的朋友，有時會表現得如此不可理喻。

　　如果你想要進一步理解這種朋友的行為模式，可以試著回答以下問題。如果當事人與你非常親近，不妨一起作答。不過，請選擇在被寵壞或受傷的內在小孩休眠時答題。如果對方的內在小孩處於活躍狀態，請等到他再次冷靜下來、能理性思考時再作答。

- 我是否能理解引發當事人這種易怒／衝動行為的因素是

什麼？

- 我是否理解此人此刻「實際上」需要的是什麼？他們憤怒的原因時常是源於自己感到被邊緣化。然而，這類人真正需要被滿足的是與人接觸的連結需求，還有被關注重視的感覺。

- 當我看到當事者受到這種情緒影響時，我的反應是什麼？我感覺如何？我是感到同情憐憫還是沮喪？我想支持、安慰對方，還是想轉身離開？

- 被寵壞的內在小孩有多「成功」？當事人是否得到了自己所需的反應？是否真的能讓自己的需求得到滿足？

- 特別是針對被寵壞和缺乏紀律的內在小孩：我是否知道當事人的行為從何而來？我對其父母與其他重要照顧者的了解有多少？他們是否也被寵壞、一樣很容易衝動？這位當事人在成長過程是否很少遇到考驗或被他人要求？

- 針對過度煩躁易怒或甚至具敵意的情況：我是否知道這個人的情緒從何而來？我對其父母與其他重要照顧者的了解有多少？他們是否也很暴躁易怒，或者容易懷抱敵意？也許這個人很常經歷糟糕或極度不公平的對待？

你已經很熟悉被寵壞的內在小孩狀態，也在自己和其他人身上感受到其蹤影。為了進一步了解你心中被寵壞的內在小孩，把想法跟結果寫下來會更有幫助。

檢視我心中被寵壞的內在小孩

被寵壞的內在小孩命名為？

_____

_____

我是如何辨識被寵壞的內在小孩？

_____

有哪些典型的情況或因素會喚醒這個小孩？

_____

那時我有什麼感覺？

_____

然後我會有什麼想法？

_____

有哪些相關的回憶，或被喚醒的回憶？

_____

被寵壞的內在小孩主導我的行為時，身體會有什麼感覺？

在這種狀態下，我通常會有什麼行為反應？

感受到被寵壞的內在小孩時，我是否經常切換到另一種行為模式？比方說受傷的內在小孩行為或某種應對形式。是哪一種？

受到被寵壞的內在小孩引導時，我需要的是什麼？我有哪些需求呢？

我的行為是否有滿足我的實際需求？比方說受尊重的需求？

快樂的內在小孩：「三乘以二等於四⋯⋯」

我們再來看看衣櫃，裡頭有一些永遠都百搭好配的基本款服飾，也有一些穿起來不怎麼舒服，讓人很容易流汗、劃傷皮膚的衣服，這種衣服只會在特殊場合出現，比方說家族慶典、公司聚會或工作面試。還有那些很不起眼、已經穿到鬆掉，可是很舒服自在的單品。最後還有一些獨一無二的織品，光是掛在衣櫃裡面看著就能讓人心情愉悅。這些有趣的服飾不怎麼實穿好搭，但很有意思。買這些服飾的時候，我們的首要考量本來就不是品質、價格或實穿性。

在我們的心靈衣櫃裡，也有這樣美妙的服飾。我們把這些單品跟「快樂的內在小孩」劃分為同一類。在快樂的內在小孩情境中，我們會感受到無憂無慮、興高采烈，以及快樂的美妙心情。阿思緹・林格倫（Astrid Lindgren）的《長襪皮皮》（*Pippi Langstrump*）最能體現這種全然快樂的小孩。她不循規蹈矩，但總是會考量到其他人的需求，同時也盡情釋放自己的遊戲渴望和創造力。她與世界和平共處，所以絲毫沒有虛榮心或怨恨。她慷慨大方、富有同情心，具有純粹的生活樂趣，想讓世界「變成她喜歡的樣子」。

我們都應該時不時這樣做。即便外頭下著雨，內在依然陽光普照。就算處於壓力之中，還是要保留一些時間來玩耍、找樂子。如果我們不把所有事情老是看得那麼嚴重，生活就不會

總是憂愁陰鬱，工作起來也會更輕鬆順手。

　　每個人都會將不同的經歷，與快樂的內在小孩狀態相互連結。比方說，有些人在跟朋友玩桌遊的時候，感到自由自在、無憂無慮。有些人是在跟孫子孫女玩堆沙堡，或是唱著歌劇的詠嘆調時感受到同樣的愉悅。心靈的內在部分之所以美妙，在於它滿足了幾種基本的情感需求：首先是對樂趣、遊戲和自發性的需求，再來是對人際關係與安全感的需求。當我們可以放開心胸表現自己、胡鬧玩耍、不在意犯錯，還能放鬆搞笑的時候，就代表我們相信周遭環境是安全、而且充滿善意的。當我們讓快樂的內在小孩有自由發揮的機會，放任他們玩耍胡鬧，就能感覺到自己是快樂的、有歸屬感，不需要擔驚受怕。這是多麼愉快、放鬆又身心和諧的狀態呀！

　　世界對我們來說常常是相當苛刻、冷酷無情的。許多人在日常生活背負巨大的壓力與重擔，會覺得自己必須馬不停蹄地工作。在旁人的期待下，他們必須在一個越來越綁手綁腳、限制逐漸增加的職場上工作，還得不斷超時加班，然後在家庭生活、親職，以及照顧父母之間取得平衡。幾乎沒有喘息的時間。矛盾的是，即便工作已經如此繁忙，我們在空閒時間還會繼續對自己施壓：「空閒時間也必須妥善運用，發揮最大效益。」但是，又該如何做到呢？

　　這就是快樂的內在小孩發揮效用之處。快樂的內在小孩能避免我們衍生出各種心理問題，因為這個狀態能用放鬆胡鬧來

抵抗功能運作的壓力，讓我們意識到，其實整體來看世界是順利運行的，藉此撫平個人生活與職場上的不適。詩人彼得・哈克斯（Peter Hacks）在一首詩當中寫到：「世界，一切都好！」這就是在描述當我們與快樂的內在小孩和諧相處時，所能體驗到的寧靜平和感。

如果能多分一些空間給快樂的內在小孩，我們就不太會受到有害的內在小孩影響。遺憾的是，同樣的道理反過來也成立：如果一個人內心有個被寵壞的小孩，那快樂的內在小孩通常是發展不全的。因此，我們要好好強化快樂的內在小孩，讓這個小孩能夠持續去抵抗、壓抑有害的人格面。

不過，要是我們只處於快樂的內在小孩狀態，這樣既不可行也不可取。我們必須維持一個健康的平衡。事實上，沒有重大心理問題的人在多數時候都是由成人自我所引導。但是對這些人來說，保有快樂的內在小孩一樣很重要。只要是人都會感到疲累、壓力過大、工作超出負荷，有時就是需要一些娛樂和樂趣，這時能讓快樂的內在小孩盡情發揮是件好事。面對職場與個人生活中各種令人沮喪的情況時，快樂的內在小孩有助於你維持良好的平衡。

漢娜是一間語言學校的老師，也是單親媽媽，獨自撫養兩位正在讀幼稚園的小孩。她的日常生活相當緊繃。她每天都起得很早，幫小孩打點好一切之後就帶他們去幼稚園，然後再開

車去上班。這份工作的報酬很低，剛好只夠拿來貼補日常基本開銷。漢娜有時會覺得自己真的累到快支撐不下去了，好在學校的工作還有和孩子相處的時光能讓她恢復精力。這兩項活動其實也很累人，但是只要和學生與兩個孩子玩在一起，漢娜總是可以從中得到很多樂趣。她很開心，因為有了孩子的陪伴，她能做一些自在放鬆的活動，比方說枕頭大戰、扮家家酒，還有用她父親從肯亞帶回來的特製喇叭吹奏音樂。最小的孩子起了個頭，然後所有人都跟著吹奏起來。在學校裡，她也有很多機會能嘗試新鮮、瘋狂的事物。大家都很開心，笑聲不絕於耳，漢娜頗受學生的歡迎，這讓她感覺非常棒。如果沒有這些補償，她很可能會因為長期超載工作而陷入不斷下沉的心理低谷。

那你呢？

你肯定曾在某些時刻感受過這種狀態：世界突然閃現最美麗的色彩，你相信自己與一切都能和平共處，無拘無束地玩耍嬉鬧。感到自己全然被接受、與他人連結，同時也被欣賞重視。你與整個世界之間是如此平靜祥和。

然而，這種狀態無法長久維持。人生必然會有憂慮，也可能遭逢命運的打擊。每個人的精力都是有限的，而日常生活充斥著各種責任與義務。快樂的內在小孩無法改變這種情況。時間有限，工作令人疲憊，同事態度不怎麼友善……但是，正如

漢娜的情況，能保留大量空間給快樂的內在小孩的人，有能力用一些美好、歡快和友善的東西來抵抗負面的事物。他們創造出一片輕鬆愉快、屬於自己的快樂花園，從而形成一種平衡，保護自我不會輕易受到沮喪和疲憊的影響。為了喚醒快樂的內在小孩，你可以做以下練習。想想在哪些情況下，以下的敘述成立？

- 我感覺被愛和被接受。
- 我很滿足、很放鬆。
- 我信任身邊多數人。
- 我隨興自發、愛玩耍嬉鬧。

與快樂的內在小孩建立連結

放輕鬆，舒服自在地閉上眼睛，觀察自己的呼吸，緩緩吸吐。然後想像自己進入一個輕鬆無負擔的環境中。

那裡發生了什麼事？那裡有什麼東西呢？感覺如何？為什麼你能如此開朗、輕盈？身體有什麼感覺？

讓你的想像力回溯到童年。

那裡是否有與好心情相關的回憶跟人？

完成這項練習後，請試著維持這種溫暖的感覺。

多數人都會抱怨他們很少感到快樂、無憂無慮和放鬆。如果你想要更常從這個能量寶庫中獲取力量，首先要找出能夠啟動快樂內在小孩的因素。你要在什麼樣的情境與條件下才會放鬆下來並感到快樂呢？

- 哪些活動、情況和人可以啟動我快樂的內在小孩？
- 我上次與快樂的內在小孩建立連結是什麼時候？回想一下過去幾週，然後思考一下什麼時候你會特別開朗、快樂和放鬆。
- 哪些事物與我的快樂內在小孩相關？哪些因素特別重要？是某些人、某些活動，還是情境方面的因素？比方說週末或是好天氣？
- 是否有特定主題更能喚醒我快樂的內在小孩，例如耐力訓練、打鼓……？

如果你認為自己似乎從來沒有快樂過、沒有體驗過無憂無慮的感覺，眼前的生活充滿義務與責任，請記住，人生不可能是完美的。即使你想不起來快樂的內在小孩曾經出現過、曾經替你的生活帶來快樂與熱忱，但絕對有過這樣的時刻——某個美麗的秋日讓你心情大好，因為樹上掛滿五顏六色的樹葉，空中灑下金色的光線；孩子的一句話逗得你哈哈大笑；與同事集思廣益時想出一個荒謬有趣的點子。所以，絕對有一些事物和

生活情境會讓你更接近快樂的內在小孩。你需要的就是強化這個狀態！

其他人呢？

漢娜的學生很欣賞她，因為她個性開朗，笑聲很有感染力，所以他們快樂的內在小孩也會被漢娜帶動。我們身邊那些受快樂的內在小孩引導的人，也會帶著我們一起接近那樣的快樂狀態。在這種人身邊，我們會覺得更快樂、更無憂無慮、更被接納欣賞。他們所散發出的正面積極磁場，總是令人不自覺想更靠近他們。

反之，受傷的內在小孩或被寵壞的內在小孩很搶眼的人，往往會對旁人造成壓力或負擔，因此我們會盡量避免與這類人接觸。最棘手的問題在於，那些本來就有安全感、覺得自己被接納的人，通常比較受歡迎、容易交到朋友。而那些認為自己被拋棄、不被愛的人，其實更容易遭受排擠和迴避。

路易莎四十多歲，她是一名機師，單身。她有一個親密的朋友圈，緊密程度就像後天組成的家人一樣。某種程度上來看，路易莎是太陽，其他人都繞著她轉。她的笑聲、笑容、不怕丟臉的幽默感、對一切事情都抱持孩童般的好奇心（不同國家、異國美食、新書、音樂、活動、運動），還有在享用義大利麵和冰淇淋時那種嚴肅認真的神態，都深深吸引著身旁眾

人。大家都喜歡邀請她來作客，只要能請到路易莎來參加派對，現場氣氛就絕對不會冷掉。她的同事也很喜歡能與她共事，只要有她在身邊，就算壓力緊繃、飛機駕駛艙空間狹小，工作也會變得有趣，而且更能輕鬆應對。

想一想，你心中快樂的內在小孩會在哪些情況下活躍起來，而在這種時候你的感覺與行為又是如何？你的腦海中會出現哪些想法與意象？把這些東西寫下來或畫下來。

檢視我心中快樂的內在小孩

快樂的內在小孩命名為：

_____

_____

_____

有哪些典型的情況會喚醒我快樂的內在小孩？

_____

_____

_____

那時我有什麼感覺？

_____

_____

_____

然後我會有什麼想法？

_____

_____

_____

有哪些相關的回憶，或被喚醒的回憶？

_____

_____

_____

快樂的內在小孩主導我時，身體會有什麼感覺？

_____

_____

_____

在這種狀態下，我通常會有什麼行為反應？

_____

_____

_____

內在法官生成與運作的方式

　　卡特琳記憶猶新。一九六三年三月，一個美好的春日。空氣潮濕，明亮的陽光穿過初春第一片嫩葉。她、母親和妹妹費了一番功夫登上林間小山，來到那座即將替卡特琳舉辦堅振聖事的教堂。但是她和母親一樣，跟宗教與教堂沒有什麼特別的關聯。「這一切到底是為了什麼？」她這麼問。但心裡她其實早有答案，就像毛髮精確修剪過的獅子狗、跑車或昂貴的毛呢大衣一樣，其實都是為了向外界展現出良好的形象而存在。然而，家裡的真實情況與表象截然不同，她父親時不時就會消失個幾週，母親總是帶男人回家，兩人都會喝很多酒，經常互相打到頭破血流然後又和好。外表看起來慈愛嫻靜的一家人，實際上是一團混亂。

　　「體面合宜」大概也是母親迫使她穿上的恐怖外衣，深藍

色的連身裙，領子材質是超級可笑又扎人的蕾絲，領子高到會碰到她的耳朵。整件衣服的材質是閃耀光澤的聚酯纖維，一穿上就會瘋狂出汗，而且鞋子高度也高到她無法正常行走。穿著這身衣服實在非常不自在，而且感覺很彆扭。卡特琳還記得自己在前往教堂的路上摔倒時，母親一臉尷尬，完全沒有上前表示關心，也沒有為那雙愚蠢的鞋子道歉，她只說：「妳就不能有一次不要出差錯嗎？」

　　法國哲學家和教育家盧梭曾說：「許多孩子的父母都難以教育。」父母利用孩子來滿足自己的需求，而忽略、無視孩子的感受。這種狀況時有所聞，而且很難避免，因為父母也是人，有優點與缺點，有智慧也有盲點。許多父母做了很多正確的事，但錯誤也在所難免。他們可能對孩子很有愛，同時又對孩子要求過多、過於講求完美。他們很關心也很用心照顧孩子，但有時又很霸道強硬、反覆無常。有些父母的言行一致、出發點是好的，不過行為與情緒上卻很冷淡。以烏瑟爾為例，她在很多方面都是個模範母親，但由於她自己沒有學會表達情感，所以也不允許孩子這麼做。

　　所以，就算是努力做對所有事的父母，也會犯錯。有時候，這就跟過度保護孩子的直昇機父母一樣，問題在於好的東西太多，一樣會造成傷害，因為孩子既沒有認知到自己的極限，也沒有好好機會了解自己的能力。

這個章節想探討的重點，是那些會給我們帶來巨大壓力、貶低自我、自認會被拒絕或被憎恨的人格特質。這種人格特質容易讓我們認為自己不聰明、不吸引人、不夠可愛，以及永遠不夠好。沒有人一出生就會否定自己。是其他人在我們童年時期教會我們懷疑自己、貶低自己、對自己要求過高，而長大後的我們也一直沒有忘記這個「否定自我」的技能。即便早已長大成人，內心的聲音依然在呼喚我們，反覆告訴我們還有哪裡不夠好。這些聲音的來源是來自童年早期，如果我們不採取任何措施，這些聲音就會繼續存在直到我們老去。

　　在此，我們討論的是苛刻的內在法官與批判的內在法官。與內在法官相輔相成的思維與行為模式，永遠會對我們的幸福快樂造成傷害。如果內在法官是一項商品，包裝上必須放上骷髏頭像，並註明：孩童禁用！由內在法官驅動的行為通常會產生負面影響，比方說當一個人習慣對自己過度施壓、不允許自己滿足自身需求，就會認為自己的感受是荒謬的，或者是反覆為了瑣碎的小事而貶低自己。「內在法官」這個術語所指涉的內在聲音，是源自童年時期被貶低、過度苛求或甚至被虐待的經歷，轉成了在我們的感受、思想與行動中根深柢固的聲音。在多數情況下，內在法官的形成可追溯至父母（兄弟姐妹較少），而親戚、老師或同學也有可能影響我們在成年後繼續貶低自己、對自己過度施壓的模式。

　　內在法官通常與受傷的內在小孩同時存在。

或許你也有過這種經驗，老闆針對你的工作表現提供了一點回饋，這是一個再正常不過的工作程序，甚至可以說老闆是很用心的。事實上，你大可對這種關注感到開心，因為有人願意不厭其煩地觀察你的工作表現，並提出建議想讓你未來能夠更好。但是，假如你有非常強大的內在法官，就很有可能會崩潰地想：「我很笨。」「難道我就沒有一件事情做得好嗎？」甚至是害怕被開除。

　　又或者你的伴侶說了一句略帶批評的話，也許只是開個玩笑，但你卻深受傷害、開始自我懷疑、覺得不被愛，擔心這段關係可能就要結束了。

　　在這種情況下，內在法官會先被喚醒。內在法官通常會以外在評論的形式出現，而這些評論會一次又一次將你的童年經歷化為極度地獄的人身攻擊，比方說：「你什麼都做不好！」、「馬馬虎虎，永遠都這樣！」、「那個小孩又在搗亂了嗎？」就這樣，你內心那個受傷、備感無能，而且不被愛的內在小孩又立刻站到前線了。根據你的童年經歷，你會感到脆弱、無助或羞愧。

　　內在法官與受傷的內在小孩通常會成為致命組合。這兩者有很多共同點：皆是有害的，而且都會傷害我們。儘管如此，我們的重點是要區分兩者，進而逐一反擊。我們的最終目標是削弱這兩個聲音的影響力。受傷的內在小孩讓你做出沒有安全感和幼稚的行為，內在法官則讓你覺得自己什麼事都做不了，

而且什麼都不是。貶低你的聲音雖然是針對個人，但事實上是一種需要被消除的外來聲音。受傷的內在小孩則不同，這個小孩是屬於你的一部分，需要被溫柔撫慰和療癒。基於這個原因，雖然兩者經常相伴出現，我們還是得將受傷的內在小孩與內在法官分開。分開來處理，就能更有效將其消音（內在法官），或者是去療癒、使其平靜（受傷的內在小孩）。

你認出內在法官的聲音了嗎？無論這個聲音說了什麼，內容永遠是有害的，對每個人來說都是如此。因為這個聲音會阻擋我們看見自己原本的樣貌，阻擋我們接受自己，更阻擋我們意識到自己的潛力並加以實現。內在法官是架在我們脖子上的刀，也是有缺陷的發動機，使我們在滿油的情況下卻只能行駛幾公里。絕對不能讓內在法官有如此強大的影響力！必須讓這個內在法官閉嘴！要讓內心的這些聲音安靜下來，一切的關鍵都在於你。而本書可以幫助你做到這點。

首先第一步，去感知內在法官的聲音，感受這個聲音如何影響你！內在法官傳遞的訊息內容有各種可能，雖然盡是苛刻或批判，但內容差異懸殊。所以，先好好了解你的內在法官，問問自己：我的內在法官從何而來？他對我說什麼？是否有具體的語句或陳述烙印在我身上？是苛刻的內在法官還是批判的內在法官，或兩者都有？這個法官會在哪些情況下出現？當下我的感覺如何？我有什麼反應？

內在法官的三種聲音

內在法官的聲音有可能會對你的行為表現施壓、提出情感上的要求，或者加以批判懲罰。如果是針對行為表現施壓，當事人會因此產生挫敗感。情感上的要求使人覺得內疚，而批判懲罰的內在法官則令人感到羞辱。

對行為表現施壓的內在法官

對行為表現要求嚴格的內在法官，通常會提出誇張的要求，讓我們深感壓力。沒有人可以永遠完美無瑕，沒有人永遠是人生中的贏家。更重要的是，你不能、也不一定要成為最好的。對孩子而言，尤其是那些天資聰穎的小孩，他們第一次碰到挫折、第一次沒考好的時候，內心當然會很不好受。有些人會為此哭泣。然而，成年人應該要學會不因為某件事沒有如預期進行而質疑自己、認定你就是一個失敗者，更不用因為自己無法滿足不切實際的要求而備感挫折。成年人應該要接受現實，清楚知道自己是誰、能力有多少。如果你覺得這種思維難以建構，可能就代表你處於苛刻的內在法官模式。

我們前面已經介紹過很有抱負的法律系學生尤納斯，對他來說，放鬆和享受樂趣是件困難的事。尤納斯心中就有一位非常苛刻的內在法官。

尤納斯的父母很有愛，願意為他做任何事。他們深愛兒子，也為他感到驕傲。尤納斯是家中第一位受高等教育的人。他父親的事業非常成功，完成學徒實習後就在一家公司一路做到高層。儘管如此，他始終覺得自己不如那些受過大學教育的同事，所以在同事面前一直很沒自信、不夠堅定。因此他真心希望尤納斯能受高等教育，最好是讀法律系。打從小時候，尤納斯就知道他想要（或應該要）成為一名律師。開始唸書的第一天，他就深信假如自己沒辦法考取優異的成績，父親就會超級失望。就是在這時候，尤納斯開始無法克制地抽搐。直到今天，他也說不出自己之所以成為律師到底是不是因為父親的關係。他仍然把自己置於龐大的壓力之下，自我要求時時刻刻都要拿出最好的表現。他認為自己要是不這樣做，父親就會深感失望。

情感上過於苛刻的內在法官

這位內在法官不會激勵我們拿出更好的表現，而是要求我們照顧他人而非自己。這裡指的不單是適當的幫助，更明確的說法是為他人犧牲自己、忽略自己的願望和需求。

孩子在學習時，要先知道別人也有所謂的需求。小孩最初都是自私的，藉由父母、幼稚園老師和老師的引導，才能慢慢讓孩子學到，坐在隔壁的同學盧卡斯其實也想吃冰淇淋，或是他的妹妹需要安靜，所以他必須靜下來。沒有學會以這種方式

來同理或體貼別人的兒童，以後就會成為無法無天的霸凌者。

因此，教導孩子體貼他人是一項重要的教學任務。然而，我們也不能忘記要認真看待孩子的需求與感受，讓他們知道自己有需求也是合理的。如果你內心有一位強大、在情感上極度苛求的法官，可能會難以在關係中設下界限，或是無法順利表達自己的需求與願望。這個內在法官不是要求「你永遠都要當最棒的」，而是「你永遠都要取悅他人」。

卡洛斯的女友法蘭絲二十歲出頭，就讀特殊教育系。她的生活繽紛且充滿樂趣，但卡洛斯很快就注意到有些地方不太對勁——法蘭絲無法說「不」。不管是誰向她求助，她都會幫忙，即便她無能為力還是會答應。法蘭絲手邊沒太多閒錢，對別人卻慷慨得誇張。她喜歡買禮物送人，但是從來不犒賞自己。卡洛斯有一次問她為什麼這麼做，她卻哭了出來，並說身上沒那麼多錢，也不需要任何東西。

卡洛斯很詫異。他認識法蘭絲的父母。父親有點膽小怕事，但整體而言都是非常討喜的人。法蘭絲也沒聊過其他事。但是又過了一陣子，他注意到法蘭絲的母親其實常常生病。有時候她會偏頭痛，有時是背痛，有時則是過敏或腸胃不適。然後每個人都會跳出來照顧她、關心她。也許這就是法蘭絲過度關照他人需求的成因？

法蘭絲的父母雖然很疼愛她，卻從來沒有讓她知道自己和其他人一樣重要。另一個例子是安雅，就是那位母親患有憂鬱症的心理治療師。安雅也一直不曉得自己的需求是重要的。在成長過程中，安雅的母親沒有照顧她，反而是她在照顧母親。今天，安雅的同理心非常強，但她無法充分劃下界限，也無法在自己不能或不想的時候拒絕別人。

法蘭絲與安雅這兩個案例，都充分展現出情感上過度苛求的內在法官具備的典型模式。如果她們不遵從內在法官的苛求，就會產生巨大的內疚感。

殘酷批判的內在法官

這種法官不會提出所謂的要求或苛求。批判的內在法官並沒有真的向當事人施壓、沒有支配行為、沒有給當事人明確的目標，也沒有煽動他們做更多事或鼓吹他們自我犧牲。這個內在法官發出的訊息完全是貶義的，而且是一概而論、武斷的：「你永遠都這麼笨拙。」「你是不是笨到怎麼解釋都聽不懂？」「你就沒辦法偶爾把事情做對嗎？」這個內在法官會告訴當事人，說他們「永遠笨手笨腳」、「是個失敗者」或「可惜你不是最美的」。大家還記得蘇珊娜這位極度自我懷疑、深陷致命親密關係的年輕女子嗎？

蘇珊娜心中有個批判的內在法官。她的父母以不同方式讓

她覺得自己不夠聰明或不夠漂亮。對她父親來說，蘇珊娜對科學興趣缺缺是個問題。對她母親來說，她的外表跟行為永遠不夠完美。時至今日，蘇珊娜的自我形象也是由父母的批判評論所形塑。基於這個原因，無論是在職場上還是與他人的關係，蘇珊娜總是覺得自己的表現差強人意。雖然只是猜測，但假如她的音樂和人際社交能力受到認可、得到正向發展，她現在可能已經闖出一片天，而不是在大學肄業後依然迷茫地做著各種低薪工作。這同樣適用於她的親密關係，如果父母有好好地讓蘇珊娜感覺自己是可愛的，她可能就不會一直接受那些以各種方式來貶低她的伴侶。

我們接收到的不同訊息

內在法官傳遞的訊息有幾種典型。一般來說，這些訊息有可能是非常具體、深烙在我們記憶中的語句，因為我們太常聽到這些話，或是太常經歷這種深刻明確的情境，而這絕大多數是來自父母的影響。我在此舉出的例子應該有一定程度的代表性，或許能幫助你辨識出個人生活中那些帶來困擾或壓力的批判聲音。

苛求表現的內在法官

- 你永遠都得是最棒的。

- 如果不夠完美，那就一點意義也沒有。
- 如果你不夠苗條，就永遠找不到伴侶。
- 別人可以犯錯，但你不行。

苛求情感的內在法官

- 你必須為他人著想和服務。
- 不要把自己的需求擺第一，這樣很自私。
- 為了你的孩子，你要當一位完美的母親。
- 你的責任義務和渴望經常會互相對立。當你去做自己「必須做」而不是「想做」的事，這樣的表現才是最棒的。（一位母親在格言錄中寫下的話）

批判的內在法官

- 你好丟臉。
- 如果別人認識真正的你，一定會被嚇跑。
- 要是當初沒有把你生下來，那有多好。

對多數人來說，來自父母的有害聲音會在非常具體的情況下浮現在我們心中，而這些情況通常也會喚醒受傷的內在小孩或被寵壞的內在小孩，讓我們產生負面感受。另外，有些人則是受到強大的內在法官影響，而且這個法官的聲音永遠關不掉。

個案研究：無所不在的批判型內在法官

安德利亞在修女的教養下長大。從小，她的行為就受到嚴格約束。只要頂嘴或犯一點小錯，便會受到嚴厲的懲罰，像是勞動服務、不能吃飯，或是不得外出。身體上的快樂也是如此，不單是性被剝奪，連肢體親密接觸、打扮漂亮，好好洗個熱水澡，這些享受都會被拒絕、被妖魔化，甚至招來懲罰。

現在，安德利亞幾乎在任何事上都無法重視並善待自己。除了食物之外，任何身體上的享受，比方說淋浴、性愛、按摩，甚至是溫暖的陽光，都是「被禁止的」。如果犯了一個小錯，她會覺得很痛苦，認為自己應該被懲罰。在成長背景影響之下，安德利亞長期處於憂鬱和不穩定的狀態。她需要進行長期治療，並在治療過程中學會克服批判的內在法官，給自己更多的愛與寬容。

個案研究：只在少數情況下出現、苛求情感的內在法官

蘿西是一位專門照顧老人的護理師，她跟多數同事不同，很懂得在自己與他人之間設下界限。她熱愛自己的工作、有同理心，也善於傾聽別人的意見。但是她也知道，做這種工作的一大風險是容易把自己搞垮。這就是為什麼蘿西立下了明確的規則：第一，工作八小時之後就要下班。第二，她傾聽每個人的心事，但不會讓自己過度投入。第三，如果超過她的負荷範

圍，她也會清楚表達。在這方面她一直表現得很好，這也是因為她照顧的長輩通常都能理解。

　　然而，有一個例外，那就是罹患不治之症的老人。在這個情況下，蘿西沒辦法拒絕。有時候，已經到了下班時間，她還是會坐在他們病床旁邊、聽他們說話，或是在休假期間幫忙跑跑腿、處理重要的事。她花了很多時間思考如何能帶給這些人快樂。這些額外的付出其實都很好，也非常值得尊敬。但蘿西在這個過程中一直忽略自己。這份工作本就辛苦，她其實需要利用週末的時間來充分放鬆、做些有趣的事情，或是跟朋友一起去大自然走走。但是，每當蘿西遇到特殊的「例外個案」，一切都變得沒那麼重要了。

　　在一次關於預防職業倦怠的培訓課程中，蘿西開始思考為什麼在所有照顧的個案中，罹患癌症的男性會特別讓她無法像平常那樣好好設下界限。她驚訝地發現這是來自童年的行為模式。蘿西的父親在過世前，曾與各種形式的癌症抗爭多年。蘿西的母親是一位護理師，當時需要輪班工作，所以蘿西小時候就得照顧心愛的父親。她仔細體察老年癌症患者在她身上觸發的感受時，發現這跟自己早年以女兒身分照顧父親時的那種責任義務感很相似。

　　接下來，我們會再次詳細回顧有害的內在法官三大類別。

苛求表現的內在法官：「先工作，後享受！」

　　最適合代表苛求表現的內在法官的衣服，就是黑色西裝搭配熨燙過的白襯衫和領帶。襯衫的扣子要扣到最上面那顆，而且還要漿過，領帶顏色不能太鮮豔，但要繫得緊緊的。有些人可能會把這樣的衣服風格與「成功」和「企圖心」聯想在一起，有些人則認為這種打扮就是缺乏想像力以及緊繃的象徵。確實，黑色西裝是一種經典，但跟所有經典一樣，也可能看起來很無聊。此外，這種打扮既不舒適也不實用。

　　用比喻的方式來說，經常做這種打扮的人有強大的內在法官，這位法官對他們的表現相當苛求，以至於他們已經忘記如何表達自己的個性、放鬆休息。這樣的人，通常會認為除了這套象徵成功的裝扮之外，自己別無選擇。他們將所有注意力與精力投入到職涯發展上。在他們狹隘的目光中，生活只剩獎牌和成就。因此，他們忽略了其他讓生活有價值與意義的事物，比方說放鬆、玩樂、遊戲、朋友、愛情、興趣……導致他們沒辦法在高壓緊繃、塞滿工作的日常生活中找到良好的平衡。

　　另外，他們對成功的想法也相當偏激：不僅要好，還要成為最好的，而且永遠都得如此。這種要求顯然太誇大、不符合現實。永遠保持最佳狀態而且不犯錯，這根本不可能。所以，對這種行為表現提出苛求的思維模式會讓人不斷產生失敗的感覺，即便客觀來看表現良好也於事無補。只有在成功的時候，

他們才會覺得快樂、值得被愛。要是沒有成功，世界就會崩塌——他們會開始懷疑自己、懷疑個人能力、懷疑自我價值。例如，那些在高中永遠都排名第一的學生，會突然很害怕自己上不了大學，就算客觀來看他們的課業表現是優秀的，或至少是穩定紮實的，內心還是會有這種擔憂。

苛求表現的內在法官跟那些特別強調成績的領域密切相關，比方說學業、工作或是運動。在工作狀態下，苛求的內在法官可能會讓人疲憊殆盡，因為他不允許自己休息，而是繼續追逐設定太高的完美主義目標。同時，處於這種狀態的人也會忽視所有與工作不相關的生活面向。他們不允許自己有片刻的休息，將成功、工作和紀律置於樂趣、快樂和放鬆之上。

女性在外表方面也會感受到這種壓力，經常為了外貌與身材而糾結掙扎，這在旁人眼裡是難以理解的。雖然她們事實上看起來很標準正常，還是會覺得自己缺乏吸引力或太胖。在電影與廣告當中，所謂的美有了一種理想的標準答案，世界上只有不到百分之三的人符合這種標準。遺憾的是，這些形象已經影響許多小女孩的自我認知，她們很早就知道自己不符合社會標準，所以開始排斥自己的長相。在這方面有苛刻內在法官的人，會要求自己持續在飲食與運動方面遵守紀律。他們會擬定營養與熱量表，只要多在健身房待十五分鐘，就能多吃一顆小熊軟糖。某些人在享用完聖誕大餐之後，會看著體重計，然後吃驚地對自己說：「可惡，從現在開始要少吃一點、多運

動。」具有苛求型內在法官的人會在這種時刻感到恐慌。他們覺得自己不夠好看，想躲起來，還會開始懷疑自己是否還值得被愛。

苛求表現的內在法官從何而來？

對良好表現的關注

父母、老師或其他照顧者對孩子的表現提出過高要求，讓孩子處於壓力之下時，就會形成苛求表現的內在法官。

妮娜說，有一天她在學校只拿到了第二名，那天她整個人頓時驚慌失措了，她害怕母親失望。但母親只是出於好意，希望妮娜擁有最好的生活，希望有一天女兒能走上康莊大道，擁有幸福美滿的未來。

如果父母能夠用讚美來關注、認可孩子的成就，這本身是件好事。但是，當孩子認真投入一件事、努力之後卻沒有成功時，父母也依然要給予肯定。有一句傳統教育格言說：「不打罵就是一種讚美了。」這有可能會產生不良後果。即便沒有正向積極的表現，孩子仍然需要感受到自己的重要性以及被愛。

因為表現不佳而收回關愛

當孩子表現不佳或不夠頂尖的時候，照顧者收回對孩子的情感與關注，這種情況特別極端。對於女兒拿到第二名，妮娜的母親是給出失望的反應、忽視她、不關注她。以這種方式受到惡劣對待的孩子，會盡最大努力不讓父母再次失望，只為拿出最佳結果，但這種方式不會讓他們培養出追求良好表現的樂趣。他們只會覺得如果成績不夠好，自己就非常不值得被愛、沒有價值。

此外，在妮娜的案例中，讚美與要求的比例已經失衡了。第二名其實也是很偉大的成就。當父母對孩子的成就不加以表揚稱讚，就會使孩子拼命追求更好的成就，希望在某個時候能夠滿足父母對成績的認可。但在他們的兒童觀點當中，或許無法理解世界上永遠不會有所謂的「夠好」。

以成果為導向的體制

從事競技體育或專注學習樂器的孩子往往特別糾結於此。這或許不是父母的問題，而是網球、游泳或小提琴老師太有野心。指導老師發現孩子的天賦，從此孩子的人生卻落入地獄般的深淵。在這種情況下，運動或演奏樂器再也不是樂趣，而是關乎成功的活動。而成功從未真正到來，因為這本來就是無止盡的追尋：贏得鄉鎮冠軍還不能慶祝，因為接著要為縣市冠軍

進行集訓。比賽規模越大，獲勝的機率就越小。這種好高騖遠的體育和音樂老師往往剝奪了孩子在體育和音樂方面的樂趣與天賦，孩子日後對自己的成就無法滿足，這些大人也必須負起責任。

馬努斯記得他小時候就是一條水中蛟龍。關於游泳的一切他都喜歡，池子裡的綠松石磁磚、陽光穿過水面落在他的手上，還有那種不受地心引力影響的感覺。他的朋友西蒙加入游泳隊的時候，他也想加入。那個教練人非常好，跟其他小朋友一起游泳嬉戲也很好玩。某天，教練把他拉到一旁說：「馬努斯，你真的很有天分。我跟哈利提過你，他想讓你加入他的青少年組。」馬努斯感到非常光榮。起先，這也很有趣。在哈利的班上大家不玩鬧了，他覺得自己被認真對待，像個大人物一樣。很快，他就成了組裡泳速最快的人，不到一年就參加生平第一場比賽，而且還贏了！後來，他陸續參加大大小小的比賽，贏得許多獎牌。更多賽事接踵而來，他的房間裡堆滿更多的獎牌與獎杯。

後來又有了地區錦標賽。馬努斯沒日沒夜地訓練，哈利也對他提出各種要求。上學前、放學後，還有週末，除了訓練以外什麼都不做。但不知何故，這一切的努力都不夠。那場錦標賽他只拿到第八名。災難一場。馬努斯還記得教練失望的表情。

現在，馬努斯不再喜歡游泳了。他做瑜珈，還學商業管

理。在學校，他發現自己會在考前感到龐大的壓力，如果考試沒有考好就很容易覺得自己失敗了。這種感覺總讓他想起很多以前游泳的回憶。

父母灌輸孩子的價值觀

最後，也有一些父母其實沒有明確要求孩子要有頂尖的表現，但他們自己過著非常注重表現的生活。在這種情況下，孩子就是以父母為榜樣。孩子觀察有哪些價值觀適用於他們的父母，哪些對父母來說重要、哪些不重要。如果父母全然用職場上的成功來定義自己、不讓自己休息與放鬆，也很少有休閒樂趣與休息享受，那孩子可能就會採取類似的行為或想法。以這個角度來看，父母就是孩子學習的榜樣。

究竟是苛刻的內在法官，還是健康的抱負？

這個世界對我們的要求越來越高。關於自我成長與發展的論述越來越蓬勃，這是有原因的：每個人都必須在勞動力與伴侶關係的自由市場上盡可能推銷自己。而工作上的成就不僅是經濟方面的收益，別人對我們的尊敬與重視也會隨著收入增加而上升。這個道理同樣適用於運動上的成就和討喜亮眼的外貌。

我們活在一個令人疲憊的世界。有時我們根本無法分辨自己是在滿足誰的需求與欲望、追求誰的目標。我們經常將自己

置於不必要的壓力之下。另一方面，我們也需要某種雄心壯志，這不僅是為了能在世上生存，也是為了實現對我們來說重要的東西。個人的成功令人感到喜悅與光榮，加強我們的自主權和自信。這讓我們知道自己能夠成就什麼，知道自己並非軟弱無力，而是獨立、有能力的成熟個體。

那麼，推動我們前進的健康抱負，和阻礙我們的苛刻型內在法官之間有何區別？要回答這個問題，最好的方式是問自己另一個問題：「實踐這項目標或抱負時，這方面我的表現如何？除了成功的需求，面對自我其他需求的滿足，我能做到什麼程度？我是否因為這項抱負而面臨一些困擾，比方說睡眠困難、飲食失調，或者是疲憊倦怠？」

如果你無法參與愉快的活動、享受生活、好好放鬆，或者當你單純待著，什麼事也不做卻會感到內疚，就很有可能是受到有害的內在法官聲音引導。換言之，假如你工作量很大，但其他方面也都應付得很好，自認過著美滿愉悅的生活，那你的抱負或目標應該就是健康的。

卡爾任職於廣告業。領導創意部門是他夢想中的工作。一切都完美到位：他經常出差旅遊、可以充分發揮創意、在偉大的團隊中工作、一身技能都能派上用場、得到許多認可，薪水也讓人滿意。有些朋友笑他是工作狂。事實上，卡爾確實用職場上的成功來定義自己，並在工作中投入大量時間與精力。也

正因如此，自由時間對他來說無比神聖。無論外人覺得事情有多緊急，卡爾在週末或假期絕對不會讀取工作郵件。他很有意識地享受大自然、享受與伴侶相處的時間、邊開車邊聽音樂，開車到鄉村旅館吃飯。

這樣的卡爾可能沒有受到苛求表現的內在法官的負面影響，他有的只是健康的抱負和企圖心。在工作之餘，他也過著充實快樂的生活。

那你呢？

透過以下敘述，你可以試著判斷自己是否被苛求表現的內在法官所驅使。如果這些敘述為真，你可能正受有害思維模式引導。

- 「**工作第一、享樂其次。**」：在完成所有需要做的事情之前，我不會讓自己放鬆或是享受樂趣。
- 「**百分之百的壓力。**」：我一直處於壓力之下，我必須達到某個標準或有所成就。
- 「**我總是全力以赴！**」：我是個徹頭徹尾的完美主義者，盡量避免任何錯誤。如果犯了錯，我就會嚴厲批評自己。

苛刻的內在法官測試（一）

想像一下，天氣正好，你暫時放下一些重要但不急迫的事情，去曬曬太陽、喝杯卡布奇諾。

感覺如何？你能好好享受這杯卡布奇諾嗎？其他事情就等等再說吧。還是，你感到煩躁不安、有壓力？如果是後者，可能就代表你心中有位苛刻的內在法官。

其他人呢？

你是不是也認識那種明明已經完全負荷超載，還額外擔起了兩三項工作讓自己喘不過氣的人呢？有些人平常工作已經夠忙夠累，還要去考遊艇駕照，週末打算再完成一個攝影計畫。還有那種晚上在電腦前坐到十二點，只為了反覆檢查簡報裡面不會出現重複的兩個空格。內心對表現有強烈苛求的人，實際上永遠處於壓力之下，經常表現出過度的完美主義，而且給自己太多負擔。

絕大多數人都有一定程度的懶惰習性。我們知道什麼時候該躲起來休息，以免被迫去做任何不愉快的工作。在辦公室碰到不愉快的額外工作時，我們會想抓個空檔去喝杯咖啡。但是，有些同事從來不推卸責任。他們完全超載工作，每次都一肩承擔起別人不願意做的工作。為什麼這些同事不像其他人一

樣設法推卸？這可能是他們心中有一位強大的內在法官，對他們的表現有嚴厲的苛求。但這未必是唯一答案，少數人可能只是不太會閃避惱人的工作而已。然而，假如有人會因為沒有承擔額外工作而內心過意不去，那他心中很可能有一位非常活躍、苛求表現的內在法官。

在情感上施壓的內在法官：「體貼一點好嗎！」

大家想必都聽過都爾的聖瑪爾定（St. Martin of Tours）的故事。在一個寒冷的日子，他騎馬來到某處，看見一位凍僵的乞丐蹲在城牆邊。瑪爾定認為不能就這樣讓這個人受凍，於是英勇地將身上溫暖的大衣一分為二，自己保留一半，另一半給了乞丐。小孩每次聽到這則聖經故事都會問：「那件大衣有這麼大，大到兩個人分一件還是夠穿？」或者說瑪爾定雖然心腸慈悲，但是有點目光短淺，以至於兩個人後來都受凍？

瑪爾定的大衣是最符合苛求情感的內在法官的時尚配件。不過，有這種內在法官的人可是比瑪爾定更體貼，他們會把整件大衣都給了乞丐。需要受凍的只剩下一個人了，就是他們自己。

這種思維模式對當事人提出過度要求，但這邊要求的並非成就、成績、金錢或升遷，而是無限的同情心，以及把別人的需求置於個人之上的無私行為。以這種方式在情感上苛求自己

的人，認為自己必須為他人的幸福快樂負責，必須永遠都得待人親切好相處，而且絕對不能提出批評。如果他們不堅守這項原則，就會感到強烈的內疚感。

這種人往往有很高的同理心，因此通常從事與社會工作相關的職業，比方說社工、幼稚園老師、護理師或者長照看護，還有醫生與心理治療師等職業。

苛求情感的內在法官從何而來？

逆轉的照護關係

還記得那位母親罹患憂鬱症的心理治療師安雅嗎？因為憂鬱、失能、酗酒或其他原因需要他人照顧的父母親，通常是促成苛求情感的內在法官出現的原因。在這種家庭，能力有限的小孩必須扛起額外的負擔，例如小小安雅覺得自己有責任讓母親高興起來。將個人需求擺在其他家庭成員需求之後，跟安雅一樣的小孩都太早經歷到這種狀態。

類似的狀態同樣出現在父母離異的小孩身上，這也造成情感上的混亂。父母分離對孩子來說總是痛苦的，會造成他們的小小世界出現劇烈的震盪。此時，小孩內心容易出現令人不安的嚴重問題：「如果你不愛媽媽了，會不會在某個時候也不愛我？」「爸爸到底做了什麼壞事？」還有「我有錯嗎？」想以

負責任的態度處理分手離婚的父母，都必須消除小孩內心的這些恐懼，並且盡早提供他們一個穩定的新環境。遺憾的是，不是每對父母都能完美處理這件事。父母面對的傷害太大、自己也非常痛苦，沒有心思去好好處理孩子的掙扎和矛盾。如果在分開的那段時間，父母其中一方把孩子當成自己的焦慮或感受的容器，或是老說另一方的壞話，孩子很快就會發現自己變成心理諮商師、安慰者或是調解員的角色。這是小孩完全沒辦法承擔的職能，這種工作完全不符合小孩的年紀。小孩也不知該如何招架。孩子不曉得自己被賦予了自己根本做不到的工作。這麼一來，如果小孩「辦不到」、沒有讓父母高興，就會感到內疚、認為自己必須為這一切負責。這種對他人幸福快樂負責的信念，以及狀況不如預期時的內疚感，會持續伴隨孩子直到成年。

在這兩種情況下，不愉快的分手離婚，以及需要被照顧或無法提供情感支持的父母，就會逆轉照護關係。心理學的專業術語將這種現象稱為「親職化」，意思是說小孩過早承擔照顧成人的角色，尤其是在社會與情感方面。

有樣學樣

大家已經曉得，孩童不僅會從父母身上學習正向積極的行為，也有可能模仿有害的負面行為模式。以苛求情感的內在法官而言，父母的榜樣扮演格外關鍵的角色。受這種內在法官影

響的人，通常都是在這種家庭中成長：所有家庭成員都特別體貼、關懷其中一位成員。以安雅為例，這位成員是罹患憂鬱症的母親，但這也有可能是一位失能的手足、躁鬱的父親，甚至是一位你應該要假裝自己其實很喜歡的家庭成員。但無論你的真實感受為何，都不能表現出來，只能永遠掛著親切友善的笑容。專業的服務業人士都知道這有多累人。對於一位孩子來說，永遠都要扮演好脾氣、親切友善的角色，這得付出多大的精神與心力！一個在童年只被允許表現出正面情感的人，比方說關懷、關注、喜悅，這很有可能導致他在以後的關係中難以表達自己不喜歡某事、某物或某人的情緒。如果這種人堅守自己的需求或批評伴侶，可能會產生強烈的罪惡感。

班的工作就是他一直以來的夢想，他是一位護理師。他非常受歡迎，因為他永遠開朗活潑，對每個人展露笑容。每次他成功逗樂病人、讓病人心情好起來的時候，他都覺得很開心、自豪。比方說讓那位肺栓塞的婦女露出一點微笑，或是把八號房的病人逗得樂不可支。

但他也意識到自己有時已經逼近極限，感覺快要筋疲力盡了。他唯唯諾諾地對自己坦承：「我也不是一直都是快快樂樂的。」可是他永遠不敢大聲這樣說，也不敢向別人表達其實自己今天心情沒那麼好。

為什麼不行？班記得他母親也是這樣，父親則截然不同。

父親總是能毫不保留展露自己的陰鬱與低氣壓。只有父親不在家的時候，家裡的氛圍才會比較輕鬆自在。否則，他們家的生活有時就像在地雷區行走那樣。家人都得小心翼翼，避免不小心刺激到他、不要發出聲音、不要頂撞他、不要問錯問題。在共同努力之下，母子倆不斷試圖讓父親開心，這樣他就不會突然脾氣暴躁、用狂暴的語氣說話。沒有人明確告訴班他得這麼做，這種行為是童年時期從母親那裡學來的。

許多人的父親脾氣暴躁，母親則扮演順從、家庭潤滑劑的角色。為了避免與父親產生衝突，孩子會從母親的行為中找出線索。遺憾的是，透過這種方式來有樣學樣，他們開始將自己的需求和感受全然置於另一人的需求和感受之下。在極端情況下，如果孩子不扮演順從者的角色，他們不僅會感到尷尬不自在，還會覺得狀況危急。比方說，酗酒者的子女都常說他們的父親在喝醉的時候很難預料下一步、暴躁易怒，往往還會伴隨暴力相向。如果母親沒辦法離婚或分居，通常會採取順從的策略以免激怒父親。久而久之，孩子也學會這種行為模式，甚至延續到成年。即便長大成人，當他們批評自己的伴侶或表達個人需求時，就會覺得兩人之間瀰漫一股威脅緊繃感，儘管從客觀上看來，情況根本無需擔心。

那你呢？

你是否在某些地方中看到了與自己的相似之處？在你的家庭中是否有一個大家格外關照體貼的人？如果你不拿出「體貼關懷」的表現（在這裡其實代表順服、順從），他的情緒就會反覆無常、構成威脅或暴力相向？

如果你懷疑自己可能處於這種苛求情感的教養模式中，以下說法能讓你做更確切的判斷：

- **「我愛大家！」**：我努力取悅他人，想盡一切辦法避免衝突、爭吵，也不拒絕別人。
- **「永遠微笑！」**：當我對別人發脾氣的時候，我就是個壞人？
- **「我也喜歡這樣！」**：我強迫自己做事要比大多數人更有責任感。

苛刻的內在法官測試（二）

想像一下，如果你拒絕他人的請求，例如：拒絕替幼兒園聚會烤蛋糕、拒絕幫忙搬家，或拒絕幫忙顧小孩。

你會有什麼感覺？你能坦然、自信面對自己想做跟不想做的事嗎？還是你會馬上被罪惡感淹沒？如果是這樣，那你心中就有一位苛刻的內在法官。

苛求表現與苛求情感的內在法官有個共同點，那就是會讓當事人感受到龐大的壓力。兩者都會誘使當事人去取悅他者。在這個過程中，個人需求根本就沒有容身之處。受到苛求表現的內在法官引導的人，會追逐越來越遙遠、崇高的目標，不斷想攀登越來越高的山峰，否則他們會擔心別人不喜歡自己。受到苛求情感的內在法官鞭策的人，永遠會試著去照顧他人、退居二線、為他人犧牲奉獻，否則就會非常內疚。所以，如果你常因為沒有滿足別人的需求、沒有立即協助他們，或者是因為偶爾善待自己而覺得壓力很大、內心滿是罪惡感，這就是苛求情感的內在法官興風作浪的證據。

其他人呢？

如果你常常想要告訴某人：「你不一定要取悅所有人！」「你偶爾也要說不！」「有時候也要想想自己。」這時，你就會發現對方內心有一位相當活躍的內在法官，你可能會覺得這個人總是理所當然、甚至心甘情願被別人占便宜，而沒辦法好好照顧自己。你有多想對他說：「這真的是你要的嗎？你其實沒必要這麼做！」即便對方願意傾聽你的說法，基於他心中苛求情感的內在法官，他也做不到老實聽取建議、改變自己的行為。

批判的內在法官：「一定要我講難聽話嗎？」

對當事人來說，內在法官永遠是有害的，而批判的內在法官則格外具有破壞力。被這種內在法官聲音所引導的人，會貶低自我所有價值，甚至憎恨自己。他們覺得自己醜陋、糟糕、愚蠢，或者是毫無價值。最後，這種思維有可能濃縮成「你一點都不值得被愛！」的想法。此外，當事人還可能對自己產生羞恥與厭惡感。有些當事人會在做出一些過去曾被批判、懲罰的事情時傷害自己。他們覺得自己很可恨、令人厭惡。對這些人來說，有權利擁有個人需求或任何形式的自由意志，這些都是非常陌生的概念。

多數情況下，這種毀滅性的自我認知是來自被他人傷害的經歷。這未必是性方面的傷害，也有可能是其他形式的傷害。如果女孩在青春期因為胸部發育而被男孩取笑，她可能會對自己的胸部甚至全身萌生強烈的羞恥感，這種感覺有可能伴隨她一生。男孩小時候常因為小事而屢次遭到嚴厲的懲罰，長大後在人生中犯了小錯，也會覺得應該受到懲罰。如果孩子在很小的時候就開始覺得自己什麼事都做不好，認為自己很「糟糕」，長大後就會難以改變對自己的看法，很難去相信自己是值得被愛的。

批判的內在法官從何而來？

　　仔細想想，會發現其實每一種「使用」孩童的形式，都是一種傷害或虐待。我們對孩子只有撫養照顧的義務，不應該要求孩童具備什麼功能。是大人要去照顧孩子，不是讓孩子來滿足我們的需求。然而，幾乎每一位父親或母親都會時不時把孩子當成工具。當大人把小孩當成合理的藉口來閃避一場不太想去的聚會，這倒還不會構成什麼傷害。但是父母期待孩子能協助扮演這個家對外的形象，像是吹噓孩子在校的行為、能力或榮譽表現，或者當父母引導孩子認同他們在某種程度上必須讓父母親滿意的時候，負面效果就更顯著。所有上述行為都是傷害與虐待。這些虐待行為與批判的內在法官施加的傷害截然不同，有時甚至是需要受到懲處的罪行。有時候，年幼的受害者只會經歷一種形式的虐待，有時則是同時承受好幾種。

性虐待

　　談到虐待，我們指的通常是性虐待。性虐待不僅有害，還是一種刑事犯罪。根據《德國刑法》第一百七十六條，「任何對十四歲以下之個人（兒童）施以性行為，或使兒童對其施以性行為者」，以及「任何使兒童對第三方施以性行為，或讓第三方對兒童施以性行為者」，就是性虐待罪犯。在罪行特別嚴重的個案中，被告會面臨一年以上的有期徒刑；在兒童面前從

事性行為者也得面臨三個月至五年的有期徒刑。

犯罪者通常來自親近的周遭環境，有可能是父親、叔叔、祖父，但也有鄰居、青年團體領導者、體育老師或神父牧師。有時候，犯人也可能是女性照顧者，她們濫用受害人對她們的信任，對孩童施以性行為。

性虐待會對受害者造成毀滅性的後果，還會產生批判式的養育模式，因為許多孩童對自己的遭遇感到非常羞愧。一般來說，加害者會告訴孩子他們應該為自己的遭遇負責，因為他們必須被懲罰，或這種虐待行為是他們咎由自取。在許多案例中，受虐待孩童都相信自己是爛人，不值得更好的對待。

康妮是一位非常害羞的女子，現在二十多歲。她沒有唸完高中，也沒有完成技職培訓。她靠著打零工維生，但總是被解僱。她偶爾會從事性工作，但這只有在她服用藥物的時候才辦得到。

康妮的童年是場惡夢。在五歲到十二歲之間，她多次受到性虐待。加害者有時是她父親，有時是叔叔。父親曾說康妮是個壞孩子，必須被懲罰。這讓康妮覺得很羞恥，不敢向狀態不穩定、仰賴父親生活的母親透露隻字片語。然而，母親其實有察覺到異狀，但不敢面對事實。

現在的康妮極度缺乏安全感。羞恥感和被拋棄的恐懼依然支配著她。此外，她的自我價值意識極低，根本不覺得自己值

得被愛，也不覺得自己有能力。性對她來說基本上是一種懲罰。她跟自己一點都不喜歡的男人發生性行為，為了忍受這些性行為，她反覆尋求藥物的協助。此外，每次她覺得自己特別沒有價值的時候，就會傷害自己。

身體虐待

這種形式的虐待也會構成刑事犯罪，但這項罪名成立的歷史並不長，也不是所有地區都會將其定罪。根據《德國刑法》第兩百二十五條，「凌虐或粗暴虐待未滿十八歲之個人者」就會被起訴。在這種案例當中，德國法院可依照刑法規定判處六個月至十年的有期徒刑。

話雖如此，但在德國，體罰依然是許多人教養孩子的一種方式。只是打個耳光，不會對任何人造成傷害吧？當然會！只要對孩子施以體罰，或以任何其他方式對孩子造成痛苦的人，不僅會被起訴，還得為孩子內心深刻的心理創傷負責。施暴者絕大多數是父母和照顧者。有時候他們的體罰行為是出於衝動，因為他們容易激動、會因為暴怒失去理智。不過，有時體罰行為是因為施暴者有虐待狂的特質，這種加害者以折磨兒童為樂。這種形式的虐待會在孩子心中留下非常嚴重的創傷，並且養成非常強烈的批判教養模式。除了上述幾種，同儕之間的暴力也會造成傷害。如果孩子被同學包圍，並且被同學施以肢體虐待，也有可能導致非常嚴重的心理問題。

保羅的童年充滿暴力。他母親性格強勢、脾氣暴躁。每次他頂嘴，她就會發飆打保羅。他的兩個兄弟也過著跟他一樣的生活。保羅的父親是個好人，但很內斂拘謹，覺得自己跟妻子的地位不對等，也放任孩子與持續施暴的妻子單獨相處。在他們就讀的天主教學校裡，保羅與兄弟必須面對各種嚴格的要求與諸多限制。到了青春期，兩個兄弟開始大量飲酒，也服用各種毒品。他們放棄了學業。雖然他們都天資聰穎，但絲毫不相信自己具備的能力與聰明才智。十九歲時，在服用毒品很長一段時間之後，保羅的弟弟自殺了。母親開始要求家人更常見面聯絡。保羅反抗了，而她再次對這位已經二十三歲的兒子施以肢體虐待。

　　現在，保羅已經三十九歲，跟母親還有哥哥斷了聯絡。他後來還是努力取得高中畢業文憑，搬到另一座城市住。儘管成功擺脫過往的陰霾，他始終覺得自己很愚蠢，更難以相信自己是個有能力的人。他對自己的身體感到羞恥，平常會避免去那些需要在別人面前脫衣裸露的地方或場合。他在社交方面也非常拘謹退縮，雖然他個性有趣親切、受大家歡迎，但他基本上不太交朋友。在內心深處，他其實很渴望能有一位可以信賴親近的人。

情感虐待

　　基本上，大家都曉得必須在不牽扯孩子的情況下解決與伴

侶的衝突或矛盾。父母之間出問題的時候，很難徹底避免不讓小孩知道兩人正有摩擦或正在爭吵。孩子如果看到父母落淚，或是聽到爭吵時嚴厲的語氣，很難安然無恙地擺脫這種情緒與印象。但是，被父母當成情緒垃圾桶來虐待，或被指責為是爭執的原因，這又是另一個層次的問題了。有些孩子真的認為自己必須為父母的離婚負責、為媽媽今天不舒服和頭痛負責，或必須為了爸爸擔心錢不夠用負責。當父母向孩子宣洩夫妻之間的性問題，或告訴孩子他們絕望、恐懼甚至想自殺的想法時，事實上是在讓孩子承擔他們無法也不應該承擔的壓力。

長期忽略

我們出生時全然無助、赤身裸體、飢餓、口渴。如果沒有他人照顧，嬰兒無法生存太久。這種全然依賴他人的特徵會隨時間推移逐漸消失。但在青春期之前，孩子需要關注與指導，需要一個穩定的家，也需要受教育與受栽培的機會。有些人較早獨立，有些則較晚。過早獨立並生活在不穩定環境中的孩童無法妥善發展。如果父母突然消失，之後又在某個時間點無預警、毫無來由重新出現，會對孩子造成永久傷害。孩子需要耗費大量精力來擔心新的狀態是否會長久延續，以至於沒有心力來學習、玩耍、享受生活的樂趣，而這些都是兒童成功與快樂發展的關鍵要素。

此外，如果孩子得不到足夠的食物、衣服、溫暖與親密

感，他們會產生非常負面的認知：「我不值得被好好照顧，我不夠好，連基本需求都得不到滿足。」這種想法可能會影響他們日後的行為。

　　父母離異時，馬克和他的雙胞胎兄弟只有五歲。父親多數時間都不在身邊，對孩子不怎麼關心。母親是一位不成功、自視甚高的藝術家，也幾乎沒時間陪兄弟倆。父親為了另一個女人和母親離婚時，兩人在雙胞胎兒子面前唇槍舌戰。父親當著孩子的面大罵前妻傲慢、斤斤計較、沒有吸引力。母親則是先詆毀他的新妻子，說她只是為了父親的錢才跟他在一起。孩子和母親同住，父親每隔幾週來探望一次，週末帶孩子出去玩。由於父親和母親都沒有特別想照顧孩子，所以兩人都心照不宣地認定這兩個孩子「很難搞」。

　　兩位男孩也開始相信自己很難管教。在學校，他們只會製造麻煩、騷擾同學。父親的新配偶起初態度親切、善解人意，但這對雙胞胎兄弟對她非常無禮刻薄，所以輪到父親帶孩子的時候，妻子都不願陪同。結果，父親很快就不想要繼續跟兩個孩子往來了。他只會在聖誕節的時候送禮物過來。對馬克而言，這特別嚴重。馬克跟兄弟不同，他的兄弟被母親那邊的家人認為有藝術天分，而他只被當成一個遺傳到爸爸的小孩、是個商人家族的後代，滿腦子只有數字。但是，數字對他那文藝氣息濃厚的母親來說毫無意義。所以，馬克在成長過程中完全

被父親忽視，而母親一逮到機會就把他推給姨媽，因為她拿這個孩子一點辦法也沒有。

馬克的童年充滿情緒虐待，也不斷被主要照顧者忽視，他的自我形象因此非常扭曲，有時非常自卑，有時又會高估自己。馬克無法用切合實際的方式來評斷或表現自己。在物質上，只有最好的東西對他來說才是好的。在情感上，他只有最低限度的要求。直到現在，他還是在尋求父親的寵愛，但父親始終對兒子不聞不問。此外，馬克在其他方面極度需要肯定，他無法忍受自己不是眾人目光焦點。同時，他也沒什麼同理心，無法對他人產生情感，導致他的人際關係一再破裂。

馬克如今已經五十一歲了，他在職場上非常成功，是一家美國科技公司的員工、收入頗豐。但他最大的願望始終沒有實現——他一直希望有個和睦溫馨的家，希望自己的孩子能比兒時的他過上更美滿的生活。雖然他結過兩次婚，也跟兩任太太生了小孩，但兩段婚姻都災難收場，孩子不得不經歷他最希望避免的事情，也就是被迫攪和進夫妻之間的戰爭。隨後他也斷了與孩子的聯繫。馬克很好奇，自己最大的心願一直是不要重蹈父親的覆轍，但為什麼這件事還是發生了？

過度嚴厲的批判

大家還記得安德利亞嗎？她就是那個修女養大的小女孩，每次犯了一點小錯就會遭到嚴厲的批判。由於童年時期照顧者

的嚴厲批判導致小孩在心中養成活躍的批判型內在法官，她就是個典型案例。這不僅與批判懲罰的程度相關，還與批判的不成比例與合理性有關。人類對性、親密感、溫暖與美味食物本來就有需求，這是自然且現實的需求。但如果在童年時期，我們因為對這些東西有所渴求而遭到批判，那我們在日後滿足這些需求時就會產生極大的罪惡感。在思緒混亂困惑的狀態中，當事者不僅會因為需求得到滿足而否定、批判自己，還會因為渴望獲得滿足而苛責自己。這樣的人通常會憎恨自己，因為這些需求是人的根本需求，是無法完全壓抑的。經常處於無法滿足這些最基本需求的狀態下，人會極度不快樂、沒有安全感。

霸凌

霸凌是一種非常痛苦且傷人的經驗。霸凌的場域通常是校園和教室，施暴者多為同學。被霸凌者多半都會說他們被霸凌的時間很長。多年來，他們每天早上都得像羊入虎口那樣到學校去給同學欺負。最慘的是課間休息與放學時間，下課休息時間可以的話最好待在師長身邊。放學後，要盡可能快速離開學校，或是躲在廁所裡直到同學都離開了再出來。

揭露霸凌行為非常不容易。施暴者很清楚什麼時候該收斂，以及要怎麼樣才能把惡毒刻薄的話偷偷越過老師傳到受害者的耳裡。受害學生通常會因自己不受歡迎而感到羞愧，或者有合理的理由去擔心「告密」只會讓事態更嚴重。剩下的只有

強烈的絕望以及不得不屈服的信念。比方說,像諾拉這樣在學生時期受到嚴重霸凌的人,往往覺得自己不夠有趣、不夠「酷」、沒有歸屬感。

布萊恩也是如此,他因為身為男同志而被老師和同學欺負。這種組合尤其致命,因為受害者會發現即便是那些應該要保護他們的人,也跟施暴者有了一樣的負面觀感。

雖然布萊恩很有魅力,他還是對自己的身材與外型感到羞恥。他每天鍛鍊好幾個小時、嚴格遵守飲食計畫,盡可能避免攝取碳水化合物,只吃低脂和無糖食品。另外,他每天攝取大量蛋白質,也不喝茶或咖啡,因為他聽說這些飲料會讓牙齒變色。沒辦法上健身房的時候,他總覺得自己虛弱無力。

回想起來,布萊恩發現他對身體的羞恥感可追溯至少年時期。十三歲時,他開始每天早上六點起床,在家裡客廳播放健身DVD跟著影片做體操。這也是他開始與同學和老師起衝突的時間點,他堅守自己的性別氣質與性傾向。體育老師不讓他上爵士舞課,荒謬地聲稱男孩的「肢體協調能力有限」;化學老師當他的面問他的母親,「布萊恩是不是從另一個世界來的。」布萊恩拒絕為了同性戀傾向感到羞恥,反之,他對自己的身體產生羞恥感。十六歲時他罹患飲食失調症,體重下降到非常危險的程度。即便是現在,他也無法正視當時的照片,他不僅對當時的狀態感到羞恥,也會因為看到照片而再次經歷那

段時期的痛苦。

那你呢？

你是否常覺得自己很糟糕？你是否有時會強烈認為自己很蠢、醜陋、糟糕，或根本不值得被愛？你是否對自己感到羞恥，甚至厭惡自己？當你做了一些美好的事情，或偶爾想對自己好一點的時候，是否會感到內疚或因此苛責自己？童年時期，這些事情是否遭到禁止並會受到嚴格的苛責？你是否認為自己沒有權利滿足自己的需求？你是否常常覺得不能在別人面前展現真實的樣貌，因為你太糟糕、太無趣，或者很容易破壞大家的興致？你是否難以接受別人的讚美？當別人說喜歡你或在乎你的時候，你是否難以相信？這些跡象都可能顯示你的生活中存有一位批判的內在法官。為了進一步確定，可以評估一下以下敘述是否為真。

- 因為我很糟糕，所以不可以跟其他人一樣做些快樂的事和活動。
- 我應該受到苛責。
- 我有時會有股衝動，想藉由傷害自己（例如自殘）來懲罰自己。
- 我無法原諒自己。

批判的內在法官讓人難以承受，而且造成毀滅性的傷害，所以這次我不建議大家透過想像力練習來找出這個內在法官的影響。這有可能讓你非常痛苦，所以最好在心理治療師的引導之下來審視批判的內在法官。

其他人呢？

想像安德利亞是你的女朋友。你如何辨識她心中批判的內在法官？你可能會發現安德利亞缺乏各種需求，例如：當你在室外享受春天第一道溫暖日光，她卻焦躁不安想要趕快回到室內。你做了一桌子可口美味的料理，安德利亞卻無法好好享用。你幫她安排「姐妹淘溫泉水療日」，她卻找藉口不去。一般而言，日常生活充滿禁忌，性跟愛只會讓安德利亞感到無比羞愧。

此外，你可能會聽到安德利亞不斷貶低自己的言論，比方說「我做不到」、「我不夠聰明」，還會反覆確認你是否真的需要她陪伴，像是「如果你不想要的話，我可以不要過去找你沒關係」、「我不想打擾你」、「你確定我在你旁邊你不會覺得很煩嗎？我們上週末已經見過了。我不想要麻煩你。」

隨時間推移，你可能會覺得很厭煩。你需要一段時間才能明白這個人並不是在尋求讚美，而是根本沒有好好正視自己的價值與需求。一般來說，你可能會帶有善意地讚美女朋友，反覆讓她知道「你眼中的她」並不是她自己想的那樣，而是個聰

明可愛的伴侶。唯一的問題是，這些正面的訊息她根本聽不進去，無論你多努力，終究會徒勞無功。任何對安德利亞充滿愛意與關懷的話語，都無法穿透那道自我貶低的高牆。在極端案例中，安德利亞這樣的人甚至會遠離那些對他們好的朋友，因為她覺得你會對她感興趣，肯定是你識人不清。

童年絆腳石促成的應對形式

　　有家汽水廣告的廣告詞多年來都是:「大家不都有一點bluna[1]嗎?」事實上,大家也真的是多少有點瘋癲吧?每個人不時會為自己的感受、敏銳的感覺,以及至今依然無法理解的奇怪舉止而跌跌撞撞。但是現在,或許在你讀過這本書、追溯這些行為的起源之後,會更熟悉這些舉動是從何而來。童年和青春期的記憶、成長過程中的感情經歷、父母不傾聽我們也沒有妥善照顧我們的情況、情感被同學或老師粗暴傷害的時刻,或者是父母剛對我們說過的話──這些都是我們在童年時期碰到的各種絆腳石。有些人偶爾會被絆倒,但幾乎不會受什麼傷。有些人卻經常骨折,身上帶著明顯的傷痕,即便是站著也

1　德國汽水品牌名。

搖搖晃晃。

　　無論程度是輕微或嚴重、是頻繁還是很少發生，面對情感上的困難經驗，每個人都會發展出不同應對策略。心理學在此將之稱為「應對」。要選擇使用哪一種應對形式處理，這取決於個人，同時也取決於造成情緒問題的童年經歷。此外，我們面對負面情緒時的壓力以及反應的強烈程度，通常與內在小孩或內在法官在我們身上施加的壓力成正比。

三種應對形式

　　我們將應對童年負面情緒的方式分為三種，不過這三種形式其實很少單獨出現，它們分別是：屈服，指的是以他人需求為導向；迴避，意思是試圖迴避感受和問題；過度補償，這是假裝自己事實上與父母傳遞的有害內在訊息完全相反。

　　接下來，我們會詳細描述這些內在過程，因為你很有可能時不時會採取其中一種或多種應對策略。本書將協助你揭開這些應對策略的面紗。假如這些策略阻擋你發展重要人格特質，希望你能在進一步了解之後，順利掙脫。

屈服

　　處於屈服狀態的人，會按照他們認為其他人希望的方式來行事。當他們取悅、討好別人，就會感到適度、穩定的安全

感。事實上，為他人而活就是他們存在的理由。在相當顯著的屈服情境中，童年有害思維模式的負面情緒與訊息，會產生格外強烈的影響。當事人通常自尊心較弱、對自己缺乏信心，幾乎不再意識到自己的需求。以服裝來比喻，這種人通常是穿著僕人服或護理師制服。

迴避

最適合這種行為的服裝是慢跑長褲，最好是寬鬆的，顏色與版型不拘。慢跑長褲既舒適又保暖，穿在身上感覺非常好，但是不適合穿出門。就像電視劇裡說的那樣，穿慢跑褲的人基本上已經放棄人生了。這種人會說：「工作、人際關係，這些我都無所謂了，我寧願一整個下午坐在電視機前看我最愛的肥皂劇。」雖然看電視不是最浪費時間的活動，但電視節目也不該阻礙我們實現個人目標。對於那些試圖迴避童年負面情緒的人來說，情況也是一樣。他們退縮，迴避所有可能產生不良情緒的環境，或者使用藥物來降低這些情緒的強度。當所有方法都不管用，酒精就成了他們的出路。酒精、鎮定劑或麻醉劑等藥物或許可以暫時抑制負面情緒，讓我們享有短暫無憂無慮、輕鬆舒適的時光，但代價是頭痛和其他令人難受的副作用，而這些代價即便不是在隔天早上出現，也會在接下來的幾週和幾個月變得越來越嚴重。所以，當我們的行為舉止主要是為了避免感受到內在小孩或內在法官的負面情緒時，這就是一種迴

避。在節慶大餐期間來一杯酒，這不是迴避，但是在開會前為了壯膽而喝伏特加是迴避。逃避各種社交場合與活動、不去上班不找工作，做些各種能把注意力從負面感受上移開的活動，比方說瘋狂看電視或打電動，這些就是迴避。

作為一種應對策略，迴避會持續存在，因為迴避最一開始帶來的感受，遠比當事人想迴避的那些負面、貶低個人價值的情緒要好得多了。然而，長遠來看，這阻礙了我們實現個人目標的發展，也讓我們無法滿足自主、情感連結以及能力的需求。另外，處於迴避狀態時，多數人都會清楚感覺到事情進展很不順利，我們所處的環境也會反映出這點，例如可能有人會詢問：「你還沒畢業嗎？」

過度補償

習慣用過度補償來應對的人，就像那些會在寒冷夜裡穿著又短又薄而且尺寸過小的衣服的女孩。這當然很有勇氣，但也非常不舒服，通常還不是很合身。不過呢，這種服裝還是贏得勝利，因為穿著這套服裝的人既沒有屈服於天氣，也沒有受到身材的限制。過度補償正是以類似的方式運作：我們表現出來的外顯行為，與內在法官所傳達的訊息相反。如果過去的聲音說「你太笨了，什麼都做不好」，我們就會表現得彷彿自己智力超群。如果內在法官說「你太沒有吸引力了，沒有人會想要你或愛你」，我們就會表現得好像自己是備受愛戴的超級巨

星。這當然比覺得自己又蠢又醜要好得多。這種行為就像緊身服飾一樣，本來就具有那種不向有害聲音低頭的氣勢，只是我們需要花很大力氣來說服自己是可取的、聰明的。然而，自我懷疑依然存在，這讓我們缺乏安全感，容易受到傷害。過度補償往往會像紙牌屋一樣倒塌，倒塌之後你的感覺會特別差。

所以，過度補償指的是我們過度彌補自己的不足。當我們感到自卑，就會表現自大。如果覺得自己沒有吸引力，就會使盡全力吸引別人。過度補償有很多種表現形式，但過度補償的目的永遠是控制和支配讓人內心感到不安全與渺小的情境。一般來說，面對有這種行為的人，要堅持自己的立場通常不是那麼容易。大家還記得霍爾格嗎？他是一位來自富裕家庭的矮胖男人。他就是這種人。他覺得自己不如家人，尤其是不如女人。在內心深處，他認為自己完全沒有吸引力。為了彌補這種感覺，他把女人貶低為玩物，對她們態度惡劣、自視甚高。

究竟是有益，還是有害？

為了避免任何誤解，我們必須了解前面介紹的三種應對方式的存在都是合理的。每種方式都能幫助我們進一步處理自己的情緒、度過難關。舉例來說，我們不需要在每次衝突時都大動干戈，尤其是當我們難以維護自身利益的時候。有時候，最明智、有益的策略是回答一句「好的」，然後在心裡對事情自有一套你的答案與結論，即便嚴格來講你是在逃避那也無妨。

在某些情況下，你必須克服恐懼與不安全感，畢竟坐在辦公室哭泣無濟於事，而在演講的時候口吃導致沒有人聽得懂你在說什麼，這樣也會失去權威感。過度補償和假裝有自信在某些時候其實是成立的。

原則上來說，在碰到問題與困難的時候，用一些策略來協助我們應對負面情緒，這是很好的。所以，如果你有時候會用迴避與過度補償來應對，其實不必太擔心。你可能會察覺到自己什麼時候越界了，什麼時候這種應對方式已經變成問題，並且開始阻礙你滿足個人需求。在辦公室裡，假如你只是擤擤鼻涕，同事就惱怒地瞪你，那你完全可以對他視而不見。在咖啡館裡，你也可以隨性地換個位子坐，來迴避陌生人注視的目光。只是，面對跟我們有過衝突的人，我們不應該就此永遠迴避與其接觸聯絡。比方說，如果你不再繼續跟一位其實很棒的朋友聯絡，目的只是要避免與他進行尷尬困難的對話，那這就是問題了。迴避可能會讓你在當下感覺好一些，不過長遠看來，這會破壞你的友誼和人際關係，但這正是充實生活的必要元素。

同樣，如果害怕失敗或被拒絕，而不敢接近美妙和令人嚮往的對象，或者是因此不敢嘗試夢想中的工作，這也都是需要導正的迴避行為。當我們決定不去面試，改去電影院看電影的時候，心理負擔當然會瞬間變輕。但到頭來，我們卻會落得孤獨、不快樂，而且沒有地方充分發揮個人才能。

童年的生存反應，成年後卻難以痊癒……

有些人主要使用其中一種應對方式，有些人則同時使用好幾種。比方說，接下來會談到的弗里多內心有一位苛求表現的法官，他一開始會服從內在法官的聲音，在大學表現不理想的時候，他會坐下來瘋狂讀書。如果瘋狂讀書也沒辦法拿到好成績，他就會啟動迴避模式。弗里多寧願打電動也不願意去學校或在家唸書。可想而知，當壓力越來越大，弗里多開始出現過度補償的行徑，當旁人只是想稍微關心他一下，他就會發怒。所以說，到底會使用哪一種應對方式，這取決於具體情況與受影響的當事人。

養成某種應對方式的原因有很多。這些模式通常起源於童年。兒童之所以能在困境中「生存」下來、保護自己免受威脅或排擠，正是因為這些是最佳應對方式。比方說，為了躲避父親的暴怒和毆打，孩子其實有必要對暴躁的父親表現體貼。只有到了長大成年之後，這種順從、完全退縮和壓抑個人需求的行為才會變得有殺傷力。在這個時候，這種應對方式對當事者的傷害，會遠超過其帶來的益處。

另一種可能是孩子從照顧者那邊學會屈服的應對方式，也就是說照顧者本身也順服於另一個人的需求，這就是我們提過的有樣學樣。比方說，母親總是處處取悅父親、無法設下合理的界限，在這種環境下長大的孩子日後可能也不太知道如何界

定自己的底線。

屈服：「你開心最重要……」

你也有過這種感覺嗎？你反覆做自己不喜歡的事，但其實沒有人強迫你這樣做。你根本可以說「不要，謝謝」或「我不想要」，但不知為何你就是說不出口。你正和女朋友在無聊至極的植物園裡漫步，或者正在幫鄰居搬家，但其實現在應該是你的上班時間。有時候還不只是這類生活瑣事。在床上，有些人會因為想要滿足伴侶而做一些自己其實很厭惡的事。更糟的是，他們從不考慮自己的感受。這類人總是將重要工作和個人的需求與渴望放在伴侶的需求後面，來讓對方能夠自我滿足與實現。在你看來，這個情況是否很熟悉？

我們為什麼要這樣做？這種屈服的行為是從何而來？別擔心，這種行為並不是每次都是有害的。每個人幾乎都會在某些情況下先考量其他人的需求，而這是件好事。在這個世界上，我們並不是孤島，總是得為他人著想。但有時候我們做的太超過了，遠多於我們的義務，而且也已經對自己造成損害。

使用屈服策略的人允許別人以差勁的方式對待自己，也會做自己不想做和不必做的事。這種人屈服於他人的要求與渴望，將別人的需求置於個人需求之上。在許多情況下，我們有權拒絕、有權說不。我們做了太多真的沒必要做的事，為了讓

別人開心，卻在這個過程中完全忘記自己，或是為了滿足（你以為的）他人欲望而把自己搞到精疲力竭。

長遠來看，這通常不會帶來預期中的效果。心理健康而且關心、在乎你的朋友或伴侶，通常不會樂意看到你總是把自己的需求藏在心底，而利用這種心態操弄你的人根本也不會想到要感謝你。

善良的心理治療師安雅呢？她有非常強烈的取悅他人傾向，在親密關係中尤其如此。比方說，當她和男友約會時，她總是在等待他提出願望或要求，或者試圖猜出他可能會喜歡什麼、想做什麼。對此，男友有時會不耐煩，因為他也很想知道安雅到底喜歡什麼音樂和電影！當安雅只想取悅男友的時候，對男友來說，她其實是難以理解、無法捉摸的人。

那康妮這位曾在童年受到性侵的年輕女子呢？她也有強烈的屈服傾向，尤其是在性關係中。內心深處，她希望有天能出現一個男人好好愛她。但不幸的是，她卻總是跟那些只想在占她身體便宜的男人在一起，他們甚至不考慮康妮的需求。更誇張的是，有一任男友甚至要求康妮為了他去從事性交易，幸好她最後順利斬斷了這段關係。

有時候，屈服與迴避會同時出現，這就像康妮的情況，她

只有在借助酒精或藥物的麻痺下才能忍受伴侶的某些性行為。其他時候，屈服也可能成為一種過度補償，雖然乍聽之下有些矛盾。這裡所指的，是那些經常誇口自己有多為他人著想，或者是靠犧牲自我來博得關注的人。這通常會讓所有人感到疲憊，對當事者自己來說，因為這種行為本身不會讓他們更開心自在。對周遭群眾來說，這種抱怨與誇口到某種程度會開始讓人厭煩，但大家通常都不會開口處理或面對這個問題。

棘手的組合：屈服與過度補償

克絲汀是全職護理師，有兩個孩子。她長期有偏頭痛的困擾。在家庭中、扮演母親角色時，她追求完美，希望能把每一件事做好。儘管孩子不想再帶點心三明治到學校吃，她還是會幫他們做。工作一整天下班之後，她會撐著僅存的力氣把窗戶擦的乾乾淨淨。朋友邀她到家裡作客、請她順便帶些吃的過去時，克絲汀會努力準備四大盤裝得滿滿的點心與零食。話雖如此，她也經常抱怨自己太忙太累、消耗太多時間和體力。丈夫和小孩生氣地告訴她，根本沒有人要求她做這麼多的時候，她始終沒有意識到問題，只會繼續抱怨、繼續勞動付出。她老公有時候會大翻白眼，在心中把她稱為「永遠的犧牲者」。

那你呢？

你覺得自己常常做一些不想做的事嗎？你會讓自己屈服於他人的意願嗎？為了讓別人喜歡你，你會因此改變自己嗎？你會忽視自己的需求嗎？以下清單應該能讓你豁然開朗：

- **「沒關係，我不介意。」**：為了避免衝突、爭吵和否定，我努力取悅他人。
- **「我就是你想要的樣子。」**：我會根據身邊的人的喜好和認可來改變自己。
- **「你要對我怎麼樣都可以。」**：我允許別人批評和貶低我。
- **「我沒關係，你來決定。」**：我任由他人擺布，不表達自己的需求。

「生命不是一場可以任意許願的音樂會！」我祖母常這樣說。她所代表的那個世代，生活中沒有什麼事能讓他們露出微笑，也不知道要怎麼笑，或是為什麼而笑。她的這句話有一部分是對的——有些事情無趣乏味，但又不可避免。週一清晨早起之後，他們必須驅車穿越潮濕灰暗的街道，面對老闆的壓力、食堂難吃的飯菜，下班之後還要面對嚴格的體能訓練。

如果有選擇，我們當然樂於放掉其中某項義務工作。但很

遺憾，我們別無選擇，只能閉上眼睛挺過去。我們接受、面對這些事，因為我們是成年人，或多或少是有責任感的個體，我們也因而經常會去履行應盡的義務。不過，當我們有選擇的餘地卻仍然做著不愉快的事情時，當我們自願在肩上承擔額外的負擔時，這很有可能就是屈服的應對模式。所以，如果你在伴侶關係、團體機構，或者是幼稚園當中反覆承擔本應由多人共同肩負的任務，不知為何工作最後總落在你身上，甚至你在性事方面總是會做一些自己不喜歡的事，這就很有可能跟屈服的應對模式有關。

但請注意，如果你現在覺得自己總是在為他人犧牲，別忘了，其實每個人都很容易高估自己的貢獻與付出，而且很快就覺得自己做的比別人還要多。

為了判斷這一點，請想像一下，如果你採取不同策略、如果說「不」，會有什麼感覺？你會感到焦慮或良心不安？這類感覺肯定就是屈服的表徵。你可能會難以判斷自己是否有權拒絕某件事。如果不太確定，可以換位思考，想想看你是否會推薦朋友承擔這項責任。如果你覺得：「他根本可以直接拒絕啊？」那你就該問你自己，「為什麼他可以拒絕，我就不行？」這其中一定出了什麼問題。

以下情況或許能協助你判斷自己何時處於屈服狀態。有的時候，你是否也會覺得必須將自己撐到極限，而且好像沒有辦法鬆下來，長期下來總是處於難以平靜休息的狀態？

「我真的受不了了！」艾爾克常常這樣想。每次做完半天兼職工作、匆匆採買日常用品，再去學校接三個小孩下課之後，她都會有這種想法。「媽媽我餓了！」孩子們在車上抱怨，接著開始吵架，然後在後座把健達出奇蛋分來吃。車門一打開，「天啊，一團亂！」但現在該做晚餐了，還要陪小孩寫作業。「盧卡斯，把洋娃娃還給妹妹。」不要忘記去趟乾洗店拿衣服。艾爾克就像個不停轉動的陀螺。除了日常瑣事的壓力之外，小孩在學校被傳染感冒的時候還要照顧他們，平常除了教小孩功課，還得開車送他們去運動等等。她的丈夫幾乎沒辦法提供協助，他常常工作到很晚，週末也是。一切都得靠她自己。雖然她找了一位幫手來家裡幫忙，每週來打掃兩次，但還是有很多事情在等著她，有時她覺得自己簡直就像不斷把大石頭從山腳下滾到山上的薛西弗斯。

大家覺得呢？這是屈服的案例嗎？想想看，艾爾克還能用什麼方式來面對與解決？如果她不承擔某些責任，那會是什麼狀況？同時也問問自己，艾爾克是否已經試過要改變自身處境？

作為職業婦女的母親有太多事情要忙了。艾爾克不會去做任何不必要的事，比方說她不會額外花時間參與規畫小孩的班遊，也不做家長會代表，或自願當兒子網球俱樂部的志工。反之，如果放下現在做的每樣事情，那孩子的基本需求就會被完

全忽略了，她不能不去採買、不能不做飯給孩子吃、也不能不教他們寫作業。此外，艾爾克已經有找幫手了，每週固定有人來家裡打掃兩次。有時候，我們有些辦法可以針對現況進行微調，改善一些小地方，但整體而言，又要工作又要照顧三個小孩是非常大的負擔，而在我們的社會中，女性通常還是主要承擔這些責任的角色。艾爾克冗長、永遠做不完的任務清單，其實是許多人的現實處境，這點實在非常遺憾。她只要去問問看其他同樣身兼多職的職業婦女就知道了。所以我們得到以下結論：事實顯示，在艾爾克的案例中，我們找不太到屈服的應對模式。

卡緹亞也是一位母親，還有份兼職工作，每天都有忙不完的事等著她。然而，她卻能比其他母親做得更多。她不曉得自己是怎麼做到的，但不知為何，每次總是有額外的責任義務落在她身上。有些事情她喜歡做，例如製作復活節彩蛋，或是替參加音樂會的孩子化妝。但是，也有一些事是她不願意做的，比如在孩子的幼稚園和小學擔任家長會委員，現在到了高中又被說服做一樣的事。她問自己：「我為什麼要這樣對自己？又要花一年的時間做一堆無聊繁雜的事，像是買花給老師、在教師跟直升機家長之間來回打交道。」

事情明明已經夠多了，她現在還得幫年邁的母親做家事和採買。可憐的母親患有帕金森氏症，越來越不能自己打理生

活。問題是，為什麼住在母親附近的姐姐不能一起照顧？姐姐有更多時間、沒有小孩，工作也很輕鬆。卡緹亞確實應該和姐姐談談，但不知為什麼，她從未主動提過。

大家覺得呢？卡緹亞是屈服的人嗎？她能不能換個方式來應對？在沒什麼壞事發生的情況下，她其實可以什麼都不做？她有別的選擇嗎？

卡緹亞跟艾爾克一樣有很多事要做，兩人都是有在上班的母親。但與艾爾克不同的是，卡緹亞承擔了一些她本不必承擔的責任。只要她覺得是有樂趣的，那這些額外的工作其實沒什麼。卡緹亞非常享受跟孩子一起發揮創意的時光，她很樂在其中。但是參加家長會就不同了，要是她的屈服應對模式沒有在這時出來阻撓，她大可以跟其他人一樣推掉這任務。照顧母親其實是一件必須有人來做的額外工作，只是卡緹亞不需要獨力承擔一切，她姐姐沒有理由不幫忙。不過，卡緹亞並沒有主動尋求協助，而她姐姐顯然也沒有想到要這樣做。

所以，卡緹亞的部分行為是出於對負面情緒的焦慮，她很少成功開口說「不」。她應該拒絕她不必做也不想做的事情。

娜迪有時會想，為什麼自己總是選擇那些像父親一樣的男人，又會酗酒，還會拳腳相向。為什麼她和母親一樣沒有分手的勇氣。

她的現任男友馬可一樣是癮君子，甚至還因毆打他人入獄。儘管她不願意，還是對他言聽計從。「幫我拿一罐啤酒。」娜迪馬上就把啤酒拿過去。「我的襪子呢？」娜迪就馬上去雜物堆中翻找，直到找出一雙襪子為止。「家裡又沒東西吃了？」娜迪便立刻「變出」一些食物。她在床上也是百般配合，可是她其實對馬可感到非常厭惡。但她害怕如果自己不這樣做，馬可會再次毆打他或是離開她。

娜迪是個棘手的個案。她確實承擔了自己不想要也不必做的任務，沒有人得像個奴隸一樣服侍另一位成年人。她絕對有權利拒絕。問題在於娜迪是否有選擇的權利。她的伴侶關係充滿危機。在開口拒絕馬可這樣的男人之前，我也會先三思。娜迪有別的選擇嗎？如果她真的想要改變現狀，應該先去一個安全的地方，比方說婦女庇護所。

娜迪的行為是屈服的應對模式嗎？很有可能。她似乎每次都會選到像馬可這樣的男人，並且捲入一段最後會讓自己置身險境的關係。這項事實本身就是證據。

其他人呢？

如果你的伴侶不表達自己的任何願望與需求，而是從你的眼神中讀出你的每一個渴望，那他或她可能是屈服類型的人。這一開始聽起來很棒，大家都喜歡被捧在手心。但在某些時

候，這種行為會讓人厭煩。如果對方沒有需求或願望，愛情就沒有樂趣可言。你當然也會希望能取悅對方，並滿足其需求。

在別人身上，我們通常很快就能看出屈服的行為。我們會想：「我不懂她怎麼能忍受這些事。如果我丈夫這樣對我，早就一走了之了。」或者，「他難道不能幫忙分擔一些工作嗎？竟然讓她自己一個人帶小孩、照顧母親。」越深入了解當事人的背景與經歷，我們就更能理解他們為什麼如此順從，而且往往會做出與自身利益互相違背的決定。

然而，有屈服傾向的人往往會吸引喜歡這種類型的人。比方說，娜迪總是跟那些喜歡被服侍得服服貼貼的男人在一起。這種關係持續太長時間，通常對當事人帶來的傷害大於好處，因為數種有害的行為相互交織，會以最棘手的方式互相加乘影響，形成惡性循環。

迴避：「或許最好不要……」

迴避本身並不是壞事。迴避是好是壞，這取決於你迴避的事物是什麼。一般來說，迴避困難的事物並不是好事，比方說迴避績效要求、迴避衝突，或是迴避與人往來互動。但不是所有困難的事物我們都必須面對，比方說，有成癮風險的人應該避免跟癮君子接觸，跟蹤者應該避免與受害者接觸。內心因為黑暗而憂鬱的人應該尋求光明，而對堅果過敏的人應該避免攝

取堅果。只有在迴避阻擋我們實現職涯與個人目標，或使我們變得孤立和寂寞時，才會變成問題。

這種應對形式也能用來面對內在法官傳遞的訊息。透過這種方式，我們能迴避自己能力不足的感覺（苛求表現的內在法官）、迴避罪惡感（苛求情感的內在法官），以及迴避自我厭惡感（批判的內在法官）。

迴避苛求表現的內在法官

有很長一段時間，弗里多做任何事都是駕輕就熟。在學校，他不用特別讀書，甚至不需要做作業就能拿到最棒的成績。對他和父母而言，這都是理所當然的，因為大家都認為他是一位成就超乎預期的孩子，就跟有現代史教授身分的父親同樣出色。父母人都很好，但都非常注重成績，直到高中，弗里多都不覺得有特別壓力。但當他以優異成績考入大學之後，情況有所變化了，他突然成了芸芸眾生當中的其中一人。他通過了第一次期中考，但成績並不理想，他不敢告訴父母其他同學考得比他好。弗里多開始瘋狂讀書，不過後來幾次考試的成績也不盡如人意。自那時起，他就越來越少去上課，開始沉迷電玩遊戲。

迴避苛求情感的內在法官

瑪蒂爾達有一位強大的、苛求情感的內在法官，她要求自

己必須永遠保持好心情，必須永遠親切友善、樂於助人。這種心態嚴重到，她甚至因為自己沒有邀請街角超商前的遊民搬來跟她一起住而感到自責。所以，每次她看到那位遊民都會拿零錢給他，但是每次給完零錢，她的感覺還是很差，因為她怕自己給人一種居高臨下的感覺。有一回，她身上沒有帶現金，她因為害怕跟遊民四目相交，甚至繞路去另一家更遠的超市。

迴避批判的內在法官

我們前面介紹過一位名叫羅伯的男子，他內心有一位強大的批判型內在法官。他認為自己一點吸引力也沒有，世上沒有人受得了他。他從小就常因為慌慌張張的莽撞行為，飽受他人的取笑，後來還因為壓力導致皮膚發紅。此外，父母總是將羅伯與漂亮的姐姐相比。所以，每次羅伯跟別人在一起的時候，他總感到自慚形穢，也因而性格退縮或根本不與人往來。更甚者，他還盡可能迴避那些會暴露自己「低市場價值」的場合，比方說派對、夜店或類似場合。

迴避的形式相當多樣，以下是最常見的策略：

逃避

「我沒辦法去。」起先是直接迴避讓人感覺不自在的事物、情境或是話題。比方說，如果你不敢面對人，覺得別人不

會喜歡或接受你，那你通常會拒絕參加聚會或其他社交活動。如果你害怕失敗、怕被拒絕或成績不理想，你就不會去參加考試和工作面試，或者不敢進入一段可能會被拒絕的戀愛關係。你是否厭惡衝突，因為你覺得只有在你跟大家意見一致、相處和諧的時候，別人才會接受你？如果是這樣，那你應該是正在逃避那些你覺得有問題的狀況。

分散注意力

「再看一集就好。」許多人不做真正需要做的事，而是把專注力放在別的事物上，讓原本該做的事變得更急迫、更棘手。他們可能會去看電視、玩電動、上網、過度工作，或是每週花一半的時間上健身房。

尋求刺激

「我要暫時忘掉現實！」有些人會透過做一些對自己「有益」的事情來抵抗悲傷、被拋棄、孤獨、無助、空虛或恐懼等負面情緒，比方說吃零食、瘋狂購物、頻繁找人約會，或熱衷於極限運動等。在適度的情況下，這些事情其實都是無害且正常的。當他們做一件「好事」做得太過火的時候，大多會有所覺察，他們會說：「我現在有點喝太多了。」或「我不能再因為心情不好而暴飲暴食了。」當事人通常都知道這些行為的源頭：「今天真的很糟糕，我必須犒賞自己一下！」或者「我現

在又在對抗內心的空虛了。」

自我麻痺

「有什麼問題嗎？」我們當中有許多人時常借酒澆愁。生活不順遂的時候，我們就會喝多啤酒或葡萄酒。這很正常。只會在開心時喝酒的人占少數。但那些長期透過酒精、毒品或藥物來麻痺負面想法與感受的人，不僅會繼續受到負面情緒的擺布，還會養出成癮行為。

抱怨和咒罵

「他又在那邊講一些已經講過八百遍的故事……」你也認識這種永遠都在抱怨的人嗎？這種人什麼事都有辦法抱怨，這單純是一種習慣性、單一重複的牢騷與抱怨，其中並未充斥著憤怒或是生氣等真實的情緒。他們看起來並沒有特別痛苦或是激動，也不是那種很有創意或幽默感的人。抱怨只是他們暫時避免負面情緒的一種方式。

對自己不抱期望

「我只想被動等待事情自己發生。」沒有目標就不會失望。活在當下當然很好，不要對生活抱持太過誇大的期望，也不要去追逐愚蠢的夢想。面對很多事情，我們其實沒有實質影響力，有時我們必須接受自己內在與外在的侷限，去意識到還

有其他能夠感到快樂的方式。但是，如果你根本沒有任何目標，就永遠不會有這種感覺——「某種程度上，我的人生與幸福快樂掌握在自己手上。」

有時單獨出現，有時結伴成行

上述迴避行為有時單獨出現，有時則結伴成行。以羅伯為例，這位害羞內向、皮膚發紅的男子有三種迴避行為。第一種是「逃避」，刻意不去可能會被拒絕的場合或地方。再來是「分散注意力／自我刺激」，羅伯透過網路匿名尋求性的庇護。最後是「對自己不抱期望」，他假裝不想要有親密關係，因為他害怕會受傷失望。

另一個案例是身為學者之子的弗里多，剛上大學的他，第一次期中考沒能達到父母的期望，所以一開始他選擇更拚命努力唸書，幾次不見成效之後便不再去聽課跟考試。他靠這種方式來躲避可能會失敗的情況、閃避面對失敗的感覺（逃避）。回到家裡，他則靠網路與電玩來支撐自己的生活（分散注意力）。

保羅也是這樣。他的母親脾氣暴躁，小孩稍微頂嘴她就會動手打人，如今保羅對自己的身體感到羞恥，也會逃避需要脫衣服的地方和場合。還有布萊恩，老師和同學因為他的同性戀傾向而霸凌他，他逃離家鄉，十幾歲開始就靠著過度健身與運動來分散注意力，藉此迴避羞恥感和孤獨感。最後還有康妮，

她在童年時期曾遭到性侵。從事性交易是她的屈服應對形式的體現，而吸毒則是她迴避性交易引發的無助與無力感的方式。萊奧妮的情況也很類似。

　　萊奧妮很怕人。她父親酗酒，經常毆打她和母親。現在，生活中只要有一點風吹草動，萊奧妮就會感覺受到他人的威脅。公車司機對她不友善，遊民在路邊對她大吼大叫，這些就足以讓她恐懼萬分，嚇得萊奧妮幾乎崩潰，只想回家躲起來。她也覺得自己不夠好。她在玩具店當店員，遇到有些要求很多的顧客，萊奧妮很容易就感到壓力太大、不知所措。

　　幾年前，萊奧妮發現酒精能有效消除她的恐懼。她總是隨身攜帶小瓶裝葡萄酒，有時候甚至會帶著大瓶的酒瓶。只要喝個四分之一，她就能順利度過上午。這樣一來，她的焦慮就不太會表現出來，得以輕輕鬆鬆地工作。但她也懷疑自己可能已經有了酗酒問題，就像父親那樣。

那你呢？

　　大家偶爾都有想迴避某些事情的時候。心碎難過的時候，我們會想多喝杯紅酒或是多吃一條巧克力。工作壓力太大，打電話到公司請個病假也很正常。重點並不是你到底有沒有迴避的行為，而是迴避的程度及範圍。以下清單能協助大家清楚分辨問題的嚴重性：

- 「**孤單寂寞是我的命。**」：我覺得自己跟外界脫節，無法跟自我、內心的感受或他人建立連結。
- 「**不要來煩我。**」：我不想與他人互動往來。
- 「**我必須工作，然後還要去健身房。**」：我經常加班工作，也大量運動鍛鍊，這樣就不必去思考不愉快的事。
- 「**借酒澆愁吧！**」：我喜歡做一些讓人興奮或平靜的事來迴避內心的感受，例如：吃東西、做愛、外出、看電視、購物……

迴避是指我們知道自己現在應該要做其他事，但實際上卻做了另一件事：弗里多可能知道，他應該專心讀書而不是玩電腦遊戲；羅伯或許知道，如果不敞開心扉，就很難找到願意與他共享生活的人；你可能知道，與其躺在沙發上整晚追劇，應該要去健身房動一動。每個人時不時都會刻意迴避不愉快的事。過度賭博、過度吃零食，甚至是酗酒，這些類型的迴避只有在阻礙我們實現目標、當我們在生活重要領域明顯沒有取得應有的成就時，才會成為需解決的問題。

去面對與承認迴避行為可能會讓人不自在。沒有人喜歡承認自己害怕失敗、被拒絕，或是坦承自己無力面對現狀。向自我和他人承認酗酒，這確實很讓人不舒服，難怪我們寧願編織各式各樣的藉口也不願坦承。沒有人會說：「不好意思，我沒辦法參加聚會，因為我怕沒有人會和我說話，所以我整個晚上

都在滑臉書。」也不會有人說：「很抱歉，我沒辦法參加工作面試，因為你們本來就不會要我。」多數人都會假裝自己這禮拜「超累」或身體不適。

如果你想判斷自己是否習慣迴避重要但不愉快的事，請捫心自問：「我什麼時候會喝酒？」「為什麼我工作量這麼大？」「為什麼我每週去六次健身房？」「為什麼我花那麼多時間看電視？」你是否有可能像康妮和萊奧妮一樣，透過喝酒來麻痺負面情緒與恐懼？你有沒有可能是因為想轉移注意力而瘋狂鍛鍊肌肉？你花這麼多時間在電腦前，是因為內心深處害怕孤獨嗎？

其他人呢？

迴避無所不在。想想看，光是在過去一個禮拜，你在不同地方觀察到了幾種不同形式的迴避？你應該能想到許多案例，因為人永遠在迴避，包括：迴避與伴侶的愚蠢朋友共進晚餐、迴避我們沒有準備的比賽、迴避準備不周的會議，迴避跟同事針對一項大家忽視的問題進行辯論。

你認識經常有迴避行為的人嗎？你是否有朋友常常臨時缺席原本約定好的多人聚會？或者有朋友總是在一切都準備就緒時才姍姍來遲？有朋友碩士論文已經寫了六年還沒寫完，或是有朋友總是在聚會上喝醉來避免尷尬害羞的狀況？

想像一下，你是羅伯或弗里多的朋友。你會發現他們都將

迴避當成一種應對策略嗎？如果答案是肯定的，那你又是透過哪些線索來覺察？你或許會發現羅伯有很多性伴侶，但會迴避穩定的親密關係，並膚淺地漫談關係的沉悶乏味來替自己開脫。針對弗里多，你可能會發現他很少去學校上課，而且成績很差，但你認為他明明是個很聰明的傢伙。有時你可能還會注意到他花太多時間接觸各種媒體。

　　長久下來，迴避行為會使親朋好友產生憤怒的情緒，而當事人也有可能會與這些親朋好友漸行漸遠。這種不利的應對模式最後會更強化當事人本想避免的負面情緒。

過度補償：「除了我以外，其他人都是白癡！」

　　我們當中的多數人並不像自己以為的那麼酷，談吐也不像我們想像的那麼有內涵。就算做了最時髦的打扮、牙齒裝了陶瓷套冠，或是頂著完整妝容，我們也沒有自以為的那麼迷人。每個人都竭盡全力地在裝模作樣。

　　有些人深陷其中，幾乎忘了素顏時的真實長相，這種人往往會過度補償。當一個人的行為，與受傷的內在小孩和內在法官傳遞的訊息相反時，就是所謂的過度補償。如果一個人缺乏安全感，他們會表現的很有自信。如果感到無助，他們就會表現強勢。若是受到威脅，他們便會迅速反擊。

有些小狗會因為焦慮而亂咬人，斯凡就是這樣的典型案例。他用攻擊性極強的行為，來補償那種不斷被威脅的無助感。如果有人提出不同意見，他會立刻針鋒相對、口氣變得越來越火爆。如果他覺得有人試圖命令他，就會大吼大叫，試圖用這種氣勢來恫嚇對方。在私生活，他有時甚至會拳腳相向。但斯凡其實非常脆弱、常常感到焦慮。他非常需要情感的撫慰、認可與和諧，但由於他總是用過度補償的方式來應對各種不愉快的情況，這些需求或許永遠不會得到滿足。

過度補償的形式有很多種，以下介紹將幫助讀者更進一步了解。

自戀的傲慢

自戀行為的特色在於，當事者不僅對自己與外在環境有扭曲的見解，而且本人幾乎看不見這種扭曲。當事者通常不曉得自己高估了自己，還認為他的高估是符合現實的評估。他不會表現得好像自己是完美先生，因為他覺得自己就是完美先生。然而，在其他時候，這種自我認知可能會發生內爆，誘發極度憂鬱的情緒隨之襲擊而來。自戀可能會使一個人不願接受合理的批評，不願認真看待其他建議，並對自我認知堅信不移。對周遭的人而言，這種行為通常顯得十分傲慢、一副居高臨下的樣子。

馬克實際上非常缺乏安全感。他的父母從未讚美過他，也沒有讓他感受過歸屬感和安全感。如今，馬克幾乎不讓別人發表意見。他極度渴望溫暖和親密，但他無法以雙方對等的方式跟其他人相處互動，甚至連體察或感知他人存在與重要性的能力也沒有。在他的敘事中只有自己，比方說他的成就、智慧，以及洞察力。他幾乎不讓別人插嘴說話，即使別人開口，他也會充耳不聞。大家很快就厭倦這種對話方式而對他漸行漸遠。所以說，馬克的過度補償並沒有達到他想要的效果，也就是在別人心中留下深刻的印象，反而還造成了反效果。「孤獨感」與「否定感」沒有就此離開馬克，而是更加強化了。

偏執控制

　　你也認識那種什麼事情都抱持懷疑、不信任一切的人嗎？他們總是覺得有人要傷害他們、有人在背後密謀對付他們。這種懷疑可能會演變成嚴重的錯覺，對那些嫉妒心極強的人來說尤其如此。

　　與這種人接觸讓人無比疲憊，因為他們難以信任別人。比方說，如果你因為發燒躺在床上而必須取消約會，對方會說：「是喔……誰曉得你是不是真的生病。」相處時總要一直安撫對方、努力爭取對方信任，這是件非常累人的事。莫妮卡的摯友莎拉就是如此。由於她在童年時期一次次被拋棄，如今，她就用這種近乎偏執的控制手段來掌控個人生活中的每段關係。

遺憾的是，這卻與莎拉的初衷背道而馳——身邊的人一個個離她而去。

強迫性的控制欲

內心極度缺乏安全感而自我膨脹的人，通常會堅持要非常精確地向他人解釋所有事情，並確保他人把每件事都「做對」。這有可能是非常瑣碎的事情，比方說洋蔥的切法，或者一定只能買最平價的咖啡。在旁人看來這就是固執己見。

卡特琳是一位讀文學的學生。她極度追求完美，並以學業上的成功來定義自己。她經常花很長時間才能完成論文與報告，因為她想把每件事都做到最好、給自己極大壓力。小組報告對她來說是天大的折磨。與同學合作時她會變成控制狂，她必須清楚知道別人在做什麼，然後把所有東西檢查一遍跟重新修改，好讓成品完全符合她的想法與標準。聽到同學說報告的行距不是那麼重要，她會徹底失控，用藐視的眼神怒瞪同學。最後，她只得自己一個人完成報告的大部分內容，同組同學也完全無法同理她的所作所為。

尋求關注的行為

有些人一天到晚尋求關注，也有些人很愛小題大作、反應激烈。有些人對認可與關注的追求到了無所不用其極的程度，

有些人則是在家庭舞台宣洩表演能量。這兩種人可能都具有極高的娛樂效果，但只是偶爾。每天面對沉迷於自我膨脹心態，以及對每件事情都小題大作的人，其實會讓人疲憊心累。

侵略攻擊

我們前面舉過斯凡的案例。他用非常具侵略性與攻擊性的行為來抵抗內心經常感受到的威脅與無助。他深信攻擊是最好的防禦。他寧願在被攻擊前先發制人。但事實是，根本沒有人打算攻擊他。很遺憾，基於種種過往經驗，斯凡沒辦法用客觀中立的角度來判斷這一點。

很多人跟斯凡一樣，在童年時期經歷過許多暴力與威脅，長大後也因此帶有侵略性的攻擊行為。一般來說，這種人會在縝密的算計與規畫之下，針對特定對象使用肢體或言語暴力來達到恫嚇的效果。他們試圖透過這種方式來掌控全局。

欺騙與狡詐

有些人傾向於欺騙和利用他人。這類人多數都是在缺乏安全感的環境中成長。在這種環境中，撒謊和操縱他人似乎是必要的生存條件。兒時養成這種習慣的人長大後未必會拋下這種行為，因為即使外在環境變得比較安全了，他們內心的不安全感依然存在。

那你呢？

要判斷出自己是否傾向使用過度補償這種應對方式，並不容易。因為與其他應對形式相比，過度補償的人內心的感覺沒那麼糟糕。你會覺得自己能夠掌控全局，或者自認我比別人聰明、冷靜理性。這種應對形式表面看來確實滿有用的。

至少乍看之下是如此。許多個案表示，當他們處於過度補償狀態，實際上並不喜歡自己。他們覺得自己很陌生、可笑和浮誇。這真的是我嗎？我真的想要這樣嗎？過度補償是種偽裝，所以非常耗費精力。當事人通常不會覺得放鬆自在，反而是處於緊張的狀態，隨時得保持戒備。

想知道自己是否有過度補償的傾向，最有效的方式是參考其他人的說法。是不是常常有很多人說你說話做事只考慮自己，或說你非常固執？如果是，我們可以靜下來想一想這些評價是否屬實……

如果你懷疑自己也跟多數人一樣時常會有過度補償的行為，或許能透過以下過度補償的不同面向敘述來進一步釐清：

- 「欸，看我一下！」：我總是想當眾人矚目的焦點。
- 「不是這樣啦。」：當別人沒有按照我的期望去做，我的反應會很激烈。
- 「我是最美、最好、最棒的。」：對我來說，當第一名很重要。

- **「你最好小心一點，不然就麻煩大了。」**：讓別人知道我不好惹，這樣就能得到一點尊重。

另一種檢測自己是否有過度補償的方法是進行壓力測試。過度補償跟其他應對形式一樣，會在壓力與緊繃狀態下加劇。想像一個常見的壓力情境，比方說考試快到了，或是孩子病了但你必須去上班。想一想你通常會如何反應，以及當下有哪些顯著的情緒和感受。

另外，你也可以問問身邊的人。也許你已經聽過這方面的回饋，例如朋友問你為什麼總是咄咄逼人，或鄰桌的人曾對你說：「年輕人，小聲一點，我在旁邊都聽得一清二楚。」也許女兒抱怨過你總是把事情攬去做，不讓她獨立完成一些任務。如果你曾被指責過太自私、霸道、專橫或語氣暴躁，就很有可能是過度補償。假使你還記得曾被這樣指責，請好好傾聽當時內心的聲音。你心中是否有受傷的感覺？你的外在形象是否出現裂痕了？

其他人呢？

自己的過度補償行為難以辨別，但我們能輕鬆看出別人的過度補償行為，自戀形式的過度補償尤其容易辨別。從外在看來，當事者往往顯得虛假、浮誇、可笑。整件事以及整個情況無比尷尬，因為在旁人眼裡，當事者不曉得自己沒幾兩重，還

自以為很了不起，而且也無法真正獲得他人的信任。有句諺語說：「會叫的狗不咬人。」像那種嘴巴很會講，實際上本身沒什麼內涵的人，相信大家都不陌生吧。

我們通常不會主動去接觸這種人。第一，因為我們很難認真看待這種人，而他們浮誇的言論或偏執控制的行為總讓人受不了。再者，跟他們相處時，我們沒什麼表達自我的空間。你不太有機會發言，就算說了對方也不感興趣。一旦被反駁或聽到對立意見，這種人多半沒辦法妥善應對。

擁抱成人自我

　　你最近一次參加婚禮是什麼時候？你有發現不少婚禮賓客都覺得自己身上的衣服不太舒服嗎？這不奇怪。其實很多人穿的衣服根本不適合自己。好可惜。參加婚禮的時候，大家應該要盡情發揮想像力，穿上自己一直都想穿的那件好衣服呀。但很少有人會這麼做。原因很簡單，也值得引人深省：我們不曉得自己穿什麼好看、自己適合什麼，因為我們根本不知道自己是誰。有害的思維模式就是罪魁禍首！我們被自己的各種行為策略和恐懼徹底支配，以至於對真實的自我感到迷惘。我們養成了扭曲的自我形象，難怪總是挑選不合腳的鞋子、不襯自己的衣服和配飾。

　　不過，當我們受到成人自我的引導時，人會處在一個良好的狀態，使我們對自己的心靈與精神生活有一定程度的了解，

並形成相對正確實際的自我形象。成人自我就像一套完美、量身定做的套裝，緊密貼合我們的每一吋肌膚，不僅適合我們，也契合當前的生活與情境。

如果建立起活躍的成人自我，我們會比較放鬆自在、冷靜沉著，對當前的情況能有全面的理解，清楚過程每個環節，也大概能適切評估事件與情況的可能走向。無法預期的事件不會讓我們突然偏離軌道，這是因為我們的行動與感受並未受到有害情緒和行為的宰制。我們能夠保持冷靜的思維，主導整段過程，並且持續自行找到動力。

如果我們有一個強大且正常運作的成人自我，就能妥善評估現實、好好消化不愉快的經歷（假設這些經歷不至於太可怕或太殘酷）。這跟有害的、阻礙我們的想法與行為造成的影響有天壤之別。在成人自我的影響下，我們可以感知到情境、衝突與人際關係的本質，我們是對當前的情況做出合理反應，而不是受眼前事件所復甦的過去經歷而牽動。因此，我們能針對當下的情況給出情緒反應，而不會在情緒上受困於過去。這樣一來，我們會像個成年人成熟地應對可怕的情況，而不是像個孩子束手無策。困難的情況也會變得沒那麼恐怖、壓力感會縮減到比較正常的範圍，多數不愉快的經歷與負面體驗不會再讓我們三兩下就陷入危機。我所指的並不是對大家來說都難以抵禦的創傷經驗，而是日常生活中的誤解、壓力以及惡意，這些狀況不會輕易將一位擁有強大成人自我的人擊垮。生活無法盡

如人意，但一般而言，我們可以克服日常當中的繁雜小事，重新專注在生活中美好和愉快的面向上。

成人自我確保我們不輕易受個人情感操弄擺布。有了成人自我，我們就能順利感知和評估別人的需求，並與自己的需求進行權衡。這既不是屈服於他人的需求（苛求情感的教養模式），也不是堅持單方面維護個人利益（被寵壞的小孩）。成人自我能讓我們找到折衷辦法，一種雙方都能盡量接受的解決方案。

此外，在這種狀態下，我們可以意識到現在需要做什麼、完成什麼，然後去做，而不是一拖再拖。這樣就省去了許多不必要的壓力與麻煩。

最後，有活躍成人自我的個人也會有成熟的興趣與快樂。不確定這是什麼意思嗎？成熟的興趣與快樂的重點在於既能滿足自己的需求，又不過分傷害他人的需求，在自我需求與他人之間懂得拿捏良好的平衡。既要玩得開心，又不能太過火。既要放縱自己，又不能在經濟上或其他方面透支。所以，這裡的意思是在健康的範圍內盡情自我享受！

請記得，沒有人會一直表現得成熟理智。不過幾乎每個人時常，甚至大部分時間處於這種狀態。比方說莎夏：

莎夏是個在各領域都表現出色的成年女性。她成立了一家活動管理顧問公司，將公司經營得有聲有色。她與員工相處融

洽。很多事她做起來都如魚得水，總能完美達成。她有很多應對日常生活的方式與策略。唯一不如意的領域是愛情。她每次都找那種會占她便宜、利用她的男人在一起。最近這位前男友大概是最誇張的例子。菲利浦是位熱情的南美人。他是優秀的攝影師，對細節有著敏銳的洞察力，而且非常敏感，至少一開始是這樣。但交往到後來，他開始刻薄地挖苦嘲笑莎夏腰間多餘的肥肉、唾棄她的笑紋、不怎麼關心她，而且也不在乎她的感覺，還有惡毒的人身攻擊、瘋狂拿她與其他女人比較……那莎夏呢？她不但沒有和他分手，反而開始做更多運動、買更昂貴的化妝品、追在他後面跑，覺得自己渺小而沒有吸引力。她所做的一切都是為了留住他。然而，她其實知道兩人的關係很糟糕。最後是他用簡訊提出分手，「先把自己處理好吧，我受不了了。」這段關係才宣告結束。真是個混蛋。

莎夏在不同領域與人生階段會有一些突出顯著的行為表現，但在感情上並沒有給她帶來太多幫助。多數時候，她有一個強大的成人自我。她對自己的職業與私人生活有相當現實客觀的評估與理解。她在職場上是成功的，與朋友交往也很順利融洽。只有在愛情關係中，有害的情感與行為才會突然占據主導地位。

在這種情況下，最好的辦法是強化健康的成人自我，並思考如何更好地協助自己啟動成人自我的意識，再嘗試用成人自

我逐步取代有害的思維與行為模式。

　　擁有強大成人自我的人，一般來說會讓人覺得相處起來很愉快，大家都想跟這種人親近。這就構成一個良性循環：只要越放鬆自在、越細心周到，就會越受歡迎；一個人越是受歡迎，他就越有安全感；越有安全感，就越多人想接近他⋯⋯成人自我的意識就這樣不斷強化。遺憾的是，正如我們所見，童年時期的許多有害行為也是如此。這些行為對旁人來說很麻煩，所以往往會讓當事人越來越孤獨。

　　活躍的成人自我是可取的，這種心理狀態能讓問題變小、使負面情緒更少，讓我們的精神狀態在很大程度上能滿足自己與外界眾人的需求。既然如此，我們要具備哪些先決條件才能發展出強大、健康的成人自我？

　　首先，這種發展的核心是在童年與青春期的基本需求得到滿足，這裡指的是每個人都有的基本情感需求：建立連結的需求、自主與能力的需求、被允許表達個人情感與需求的需求、快樂與遊戲的需求，以及了解現實性的需求。如果孩童感覺到自己的需求並不重要，甚至是不好的，那他們就很難在內心培養出強大健康的成人自我。另一方面，如果孩子的這些需求得到滿足，比方說他們來自一個穩定且充滿愛的家庭、時常得到讚賞與肯定、大人或照顧者有替他們設下合理界限，同時也能自在玩耍，這樣的孩子日後就比較能在發展良好的成人自我引導下生活。我們可以將情況概括成以下：童年過得快樂的人，

長大成年後也會過得更輕鬆。童年經歷比較辛苦的人，日後更容易在自我、人際關係、個人生活或工作中遇到問題。

這個道理同樣適用於我們的另一個積極面向，也就是快樂的內在小孩。在童年時期就體驗過遊戲的美妙與樂趣的人，長大後也相對容易在生活中自得其樂。成人自我發展完善的人，內心往往也有一位強大的快樂小孩。內在有強烈創傷的人，快樂小孩通常比較不活躍，成人自我也發展得較不完善。這就代表如果你有一個發展完善的成人自我，通常能更順利地啟動快樂的內在小孩，而且多半在人際關係與自我相處上不會碰到太大的困難。

以在語言學校工作的單親媽媽漢娜為例，她有一個強大的快樂內在小孩，能協助她應付相當緊繃且辛苦的日常。另外，漢娜也有強大的成人自我。

漢娜工作繁忙，還要操持家務、照顧兩個年幼的孩子。她喜歡這份工作，但因為這份工作是兼職形式，所以相對收入不穩定。孩子生病沒辦法去托兒所上學的時候，語言學校雖然可以理解，但包容畢竟是有限的。因此漢娜自己更不能生病，她特別注重飲食均衡，也會定期運動來增強免疫力。每週，孩子會到她的朋友家兩次，漢娜就趁這個時候去練瑜伽。另外，她很懂得如何避免額外的壓力，而且有自信能分清事情的輕重緩急，要是拿不定主意，休息永遠排第一。

社工英格心中有一位活躍快樂的內在小孩和一個健康強大的成人自我，這讓她在緊繃的工作與生活之間找到了很好的平衡。她會刻意安排一些休息充電的時間，以免被工作搞垮。她會定期運動，比方說，她這幾年來固定跟好朋友參加業餘游泳隊，每週訓練兩次。訓練結束後，結伴去三溫暖放鬆，因為她們都認為這是必要的休息。另外，她還跟兩位朋友斷絕了聯繫，因為這兩位朋友對她的要求太多，但回饋太少。

那你呢？

要如何判斷自己內心是否有個健康的成人自我？或許粗略地說，如果你認為自己整體感覺起來還不錯，那大概就是了。這裡指的並不是那種過度快樂喜悅的感覺，而是一切都在合理的掌控之中。在日常生活中，我們會確信自己與內在的感受和需求有良好的連結，處於相當放鬆自在的狀態。有了強大的成人自我，我們就不太可能會有過度屈服、誇大的自我高估，以及有害的迴避等行為。衝突似乎也能透過其他方式來解決。我們可以有意識、理性做出決定，清楚自己與外界他人的處境情況，並能客觀權衡自己與他人的利益。

以下再次概述成人自我的重要特徵，如果你大致上覺得自己符合以下敘述，那你很幸運哦！

- 「**很順利！**」：我的人生有足夠的穩定性與安全感。
- 「**這是可行的。**」：我能切合實際地評估每一種狀況、衝突、關係等。
- 「**天不會塌下來的，這沒那麼嚴重。**」：我不會被小問題造成的負面感受擊垮。
- 「**你傷害到我了。**」：我可以覺察自己當下的情緒。
- 「**那是你的需求，而這是我的需求。**」：我能覺察到自己與其他人的需求，並從中找到平衡。
- 「**收到，請放心！**」：願意承擔責任、履行義務以及職責。
- 「**所有情緒與表達都適得其所。**」：我知道什麼時候該表達情緒，什麼時候要先把情緒收起來。
- 「**很抱歉，我不這麼認為。**」：當我覺得自己受到不公正的批評時，能勇於站出來為自己說話。
- 「**燭光晚餐、皮拉提斯還是插花課？**」：我追求成熟理性的娛樂與嗜好。

　　或許你現在覺得需要強化一下自己的成人自我，而這並不是壞事。不妨想一想，平常你是如何啟動這個面向，以及啟動時的感受。問自己以下問題：

- 在哪些活動或情境下，通常會受到成人自我的引導？
- 跟某些人相處的時候，我的成人自我比較容易被啟動？
- 如何描述關於成人自我的情緒與「基本感受」？

　　如果你決定強化成人自我，請先抱持實際的心態。沒有人可以永遠理智和放鬆的。我們的目的單純只是削弱童年時期的有害行為，幫助你進入一個能與自我輕鬆相處的狀態。

其他人呢？

　　擁有活躍成人自我的人，看起來就像是「成年人」，這代表他們對不同情況、評論與衝突都有能力做出適當的反應。他們的行為與感受看起來是合理且可預期的，對事物的判斷通常是客觀、不扭曲的，既不會過度的自我批判（苛刻的內在法官），也不會有極端脆弱的傾向（受傷的內在小孩）。和這種人相處，無論是情緒表達或提出批評，都不必擔心對方毫無反應、完全屈服，抑或是咄咄逼人。

　　幼稚的行為模式會讓人際關係更緊繃，甚至破壞雙方的關係，快樂的內在小孩與成人自我則能維持良好、有彈性的人際互動，促進合作關係更圓滑順利。如果快樂的內在小孩與成人自我處於活躍狀態，面對衝突就能以更成熟且有智慧的方式化解，既能消除威脅也不會讓關係出現裂痕。

　　擁有強大成人自我的人也更有韌性。他們通常可以妥善應

對命運的打擊與緊繃高壓的局勢，同時也能獲得更多社會支持，有助於他們在危急情況下緩解情勢。這種人大多是討人喜愛的，也相對容易建立自信獨立的社會生活。這就形成一個正循環，活躍的成人自我、討喜且受歡迎的程度，以及自信獨立的社會生活，三者相輔相成。

成熟行為與幼稚行為的差別

　　或許你已經注意到，有時要判別不同的狀態並不容易。成人自我尤其如此。成人自我的許多典型行為跟有害的行為模式相互重疊。比方說，你如何分辨一個人是嚴以律己、努力完成任務的成熟大人，還是因為苛求的內在法官而把自己逼太緊的人？自己的野心到底健不健康？如何區分合理的自我批評以及來自批判型內在法官的自我批評？出門吃一頓精緻昂貴的料理，這是重要的享受，還是因為我太不自律、被寵壞了？這之間的分別由誰來判斷？這種狀況通常難以辨別，尤其不同的人格特質往往會互相影響。所以，我可能會感到受傷以及被拒絕（受傷的內在小孩），儘管我「理智上」知道對方其實是喜歡我的，而且也沒有拒絕我的意思（成人自我）。

　　如果我能感知並滿足自己與對方的需求，那成人自我就很有可能是活躍的。因此，我必須同時感受到自己與對方的需求，這需要良好的感受覺察能力才辦得到！換言之，如果需求

的滿足是單方面的，比方說只考慮自己或對方的需求，那我們心中有害的幼稚部分就有可能活躍起來。這樣一來，我們就只能感知到某些感受，或者根本感覺不到任何感受。

　　下頁圖表概括成人自我與幼稚的內在人格之間最重要的辨識指標。

	成人自我	有害的人格模式
履行職責、遵守紀律	完成任務，遵守紀律，但尊重自己的限度與需求。	苛刻的內在法官：負擔過重，過度規範自己，常常要求自己承擔過多責任。
自我批判	可以自我批判，但不會因而憎恨自己。	批判的內在法官：放大自我批判、憎恨自己，藉由嚴格的約束來限制自我。
放縱享受	生活不必時刻都要嚴以律己，娛樂休息也很重要，但要掌握分寸在合理範圍內。	被寵壞的內在小孩：只顧滿足自己的需求，不考慮他人或長期負面影響。
表達憤怒	能以社會可接受的方式來表達憤怒，比方說私底下找朋友談話，盡可能客觀告訴對方你的困擾與煩惱。	被寵壞的內在小孩：以不受控的方式爆發，最後可能要付出昂貴的代價。
逃避感受	將迴避當成一種策略，但不會因為極端迴避導致無法完成重要工作。	把迴避作為應對策略：迴避任何負面情緒，從而阻礙重要的關係、經歷與發展。
掌握主控權	不懼怕獨立作業，但保持彈性與靈活，也能考量他人的利益。	過度補償作為一種應對形式：固執於主控全局，指使他人，缺乏彈性。
自信	了解自己的長處，以己為榮，但也能客觀看見自身弱點。	自戀的過度補償作為應對形式：覺得自己很了不起，而且自己比別人更重要。
關懷他人	關心他人，但不忽視自己的需求與界限。	屈服作為應對形式：全心全意照顧他人，忽略自己的需求。

「世界上只有我自己……」
受傷的內在小孩

「除了我，大家都是笨蛋！」
過度補償

「事情很順利，沒問題的！」
成人自我

「三乘以二等於四……」
快樂的內在小孩

「先工作再享受！」
苛求表現的內在法官

「對別人體貼一點好嗎！」
苛求情感的內在法官！

「一定要我講難聽話嗎？」
批判的內在法官

「你開心比較重要……」
屈服

「我要報仇！」
被寵壞的內在小孩

「我看還是不要好了……」
迴避

我的心靈地圖

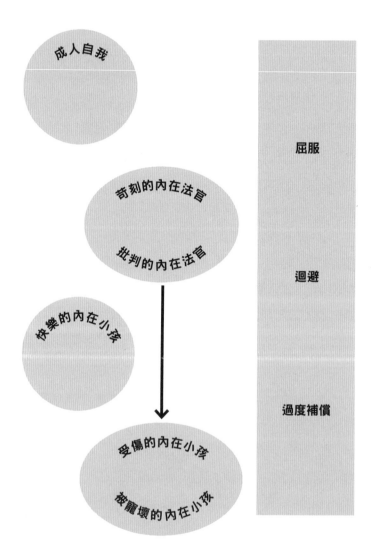

成人自我

苛刻的內在法官
批判的內在法官

快樂的內在小孩

受傷的內在小孩
被寵壞的內在小孩

屈服

迴避

過度補償

02

辨識人格特質與
極端類型

坦承內心有一個被寵壞的小孩，是件很尷尬的事情。
但下定決心去審視這些問題
也是一個了不起的成就！

當一個人的行為逼近極端

　　大家也喜歡進電影院看電影嗎？除了放假時的閱讀，大家平常會翻翻小說嗎？在電影與書籍中，我們會遇到各式各樣的人格與極端角色，靠在電影院的椅背或躺在自家沙發上，與這些極端類型的人物相伴片刻，真是一件愉快刺激的事。在現實生活中，情況就不是如此了。假使我們在職場碰巧遇到一位控制狂，或是在電車上剛好有個歇斯底里的乘客，就沒那麼好玩了。

　　在本章節，我想透過電影或小說中的例子來向大家介紹一些極端的人格類型。如果仔細查找，其實我們能在心理學診斷術語中找到描述這類極端人格的病症名稱。也許你對「邊緣型人格」或「歇斯底里人格」的定義很感興趣，想知道這類人的心靈地圖是什麼樣子。又或者，你與身邊某些人相處時，腦中

就已經冒出過這類詞彙，並想知道你的判斷正不正確。甚至有可能，你曾經懷疑自己也屬於這類人格。以下介紹的實例將能為你解答內心的疑惑

強烈的自我羞辱

　　艾莉卡・科胡特（Erika Kohut）是一位才華洋溢的鋼琴家，到了三十歲仍與霸道的母親同住。從小，她的母親就一心一意要把艾莉卡栽培成出色的鋼琴家。這次的故事主角艾莉卡是艾爾弗雷德・耶利內克（Elfriede Jelinek）的小說《鋼琴教師》（*Die Klavierspielerin*）筆下的女主角。

　　在家裡，母親窒息的關懷讓艾莉卡無法喘息。她的成人生活遭到嚴重剝奪，她甚至不能將房門上鎖。艾莉卡不管做什麼、吃什麼、穿什麼，都在母親的控制之下。所以，艾莉卡不僅內心幼稚，對其他人也極端殘忍，做事總像個孩子那樣衝動。

　　在母親的教養下，她與社會嚴重脫鉤，也對自己的身體充滿敵意。任何正常的性需求或是打扮漂亮的行為，都會被她貼上粗魯野蠻跟不正當的標籤。因此，艾莉卡既為了這些需求懲

罰自己，又渴望在越軌行為中找到樂趣。她完全斬斷了與自我的感受和身體的關係。作者寫道：「她的身體是一座大冰箱。」為了打破這種隔閡，她一再傷害和差辱自己，並要求性伴侶羞辱她。這些行為首先是為了滿足感受自我需求。耶利內克筆下的艾莉卡十足詮釋出典型邊緣型人格的情感和行為。

邊緣型人格的典型特徵

邊緣型人格被極端負面的情緒支配，幾乎從未體驗過輕鬆歡快的時刻。對他們來說，這個世界很少會有「正常、沒事」的時候。他們可能會對自己抱持以下看法，或這樣描述自己：

- **「我覺得自己很糟糕。」**：多數時候，我不喜歡自己。我幾乎沒辦法喜歡我身上的任何特點。有時我甚至厭惡自己。
- **「我感覺不到自己！」**：我常常無法與內心感受或身體有所連結。
- **「沒有……我受不了。」**：我需要定期飲酒或服用鎮定劑，才能在某種程度上容忍自己和我的生活。
- **「把鞭子給我，我自己鞭打自己。」**：當我沉溺於某些事情（美食、性愛、溫暖……），我就覺得有必要懲罰自己。

苛求表現的內在法官

● 霸道苛求的母親：
　「妳一定要是最棒的。」

批判的內在法官

● 過度拘謹保守、勢利眼的母親：
　「妳好野蠻。」
● 反對打扮與性愛。
● 母親不允許孩子在家鎖房門。
● 用自殘來懲罰自己。
● 要求性伴侶羞辱自己。

屈服

● 與母親同居，服從
　母親的要求。

迴避

● 麻木自己的情緒與
　感覺。
● 無法感受到自己。
● 避免人際間的親近。

過度補償

● 在羞辱與懲罰中感
　到快樂。
● 故意打破規則與禁
　忌，藉此感受自己
　並反抗。

受傷的內在小孩

● 覺得自卑、被遺棄、被束縛，
　也無法獨立。
● 對自己的需求感到內疚。

被寵壞的內在小孩

● 行為殘忍、毫無節制。
● 把碎玻璃放進「競爭對手」
　的大衣口袋中。

艾莉卡・科胡特（邊緣型人格）的心靈地圖

只在乎功名利祿

　　幾乎所有幫派電影中都有一位自戀狂角色。股票市場當中幾乎清一色是吸食古柯鹼的自大狂，醫院則是由「白衣之神」所主宰。

　　最有名的銀幕自戀狂可能是來自奧森・威爾斯（Orson Welles）的作品。一九四一年的傳奇電影《大國民》（*Citizen Kane*）以查爾斯・福士特・凱恩（Charles Foster Kane）的生平為故事主軸，他最後是在自己的巨大莊園中孤獨死去。電影以漸進式手法敘述他的生命故事：凱恩的父母靠著金礦賺取了龐大財富，並將資源大量投資在兒子的教育上。凱恩在監護人陪伴下長大，而他一輩子都沒辦法好好消化與父母分離的事實。父親和母親似乎是他人生中唯一的感情連結。面對其他人，凱恩始終保持距離，最後變得冷漠疏離。他只信任自己，

所以把全副精神心力投入在追逐成功、影響力與權力。凱恩打造出一座名符其實的權力帝國，主掌三十七家報社、眾多出版社、公司，還持有許多房地產。他甚至涉足政壇。

凱恩的行為是典型的自戀狂。他與自我、自我的內在世界跟其他人徹底斷了連結，生活在一個平行宇宙，滿腦子只有追求自大狂妄的野心。

自戀者的典型特徵

自戀者可能會這樣描述自己，或者對自己有這樣的感覺：

- **「這個可笑的自大狂是誰？」**：我有時會自吹自擂，而且並不真誠。
- **「那傢伙是哪根蔥？」**：朋友常提醒我不夠尊重別人。
- **「哦？您也有意見要發表？」**：在周遭群眾眼裡，我有時候太強勢，只有在完全掌握大局時才會覺得放鬆自在。
- **「除了我，你不能相信別的神。」**：我對批評的回應往往是傲慢且傷人的。

苛求表現的內在法官

- 父母將所有希望寄託在他身上：
「你必須是最棒的！」
- 繼承家業的責任。

過度補償

- 只追求權力和財富。
- 藉由炫耀和傲慢的行為
來誇大自己。
- 讓一切屈服於他的意志。
- 透過貶低他人來應對恐
懼。

受傷的內在小孩

- 感到孤獨、被遺棄、悲傷。由監護人撫
養長大，所以與父母的親子關係薄弱。

被寵壞的內在小孩

- 行為魯莽衝動。
- 面對批評反應激烈。
- 與僅存的朋友斷絕聯繫。

查爾斯・福士特・凱恩（自戀者）的心靈地圖

— iv —

膨脹的幻想、戲劇化的行為、絕望感

　　布蘭奇・杜波依斯（Blanche DuBois）是一位狀態很不穩定的女性。她是美國作家田納西・威廉斯（Tennessee Williams）筆下的角色。凡是讀過或看過《慾望街車》（*A Streetcar Named Desire*）的人都忘不了這個角色。觀眾或讀者對她的感受交織著複雜與矛盾，布蘭奇令人厭煩，但又叫人憐惜。

　　布蘭奇的行為讓身旁的人都難以理解。她有時候看起來非常脆弱，有時候又咄咄逼人。有時她假裝世故老練，有時候又相當不合時宜地行為輕佻。布蘭奇生活在一個幻想的世界，不斷編造新的悲情故事，讓她自怨自艾。久而久之，她越來越無法區隔現實與幻想。

撇開她那誇大、戲劇化的行徑，她的人生確實也相當坎坷。布蘭奇嫁給一位同性戀男子，在丈夫選擇自殺了斷生命之後，她也陷入了永遠都無法擺脫的困境。後來，她在破敗的廉價旅館跟許多男人發生關係，藉此尋求慰藉。因為與一名未成年學生有染，她最後也丟掉教師的工作。

布蘭奇是典型的歇斯底里者。這種人需要大量的認可與關注。他們毫不羞愧地與所有人調情，總是站在鎂光燈下，大聲喧嘩、尋求關注、戲劇張力十足，且多愁善感。他們的情感往往有些不真實。但這種無法忽視、令人尷尬的行為主要是用來消除沒有價值與孤獨的感受。田納西‧威廉斯透過布蘭奇的角色刻劃出經典的歇斯底里者形象。

歇斯底里者的典型特徵

承認自己行為歇斯底里並非易事，對別人來說如此，對當事人來說也是如此。歇斯底里者可能會這樣描述自己，或對自己有以下想法：

- **「沒有人要理我嗎？」**：當我不是眾人矚目焦點時，我會感覺很糟。
- **「我有孟喬森症候群[1]。」**：我會加油添醋描述發生在我

1　孟喬森症候群（Munchausen syndrome），這種症候群的患者會透過天花亂墜的描述與幻想，謊稱自己有各種疾病來博取同情。

身上的事情，來獲得更多關注。

- **「我再也不要餓肚子了！」**：我對感受的描述往往比實際上更誇大不實。

- **「我很笨。」**：在內心深處我覺得自己不如人、毫無才能天賦。

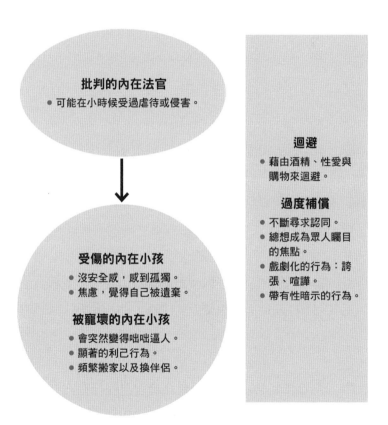

布蘭奇・杜波依斯（歇斯底里者）的心靈地圖

覺得自己毫無價值

　　缺乏安全感、自卑的人並不令人欣羨。不過，這種人格在藝術創作中卻時常出現。卡夫卡（Franz Kafka）筆下許多人物都屬於缺乏自信與安全感的人。

　　卡夫卡的短篇故事《乘客》（*Der Fahrgast*）就是典型例證。在這則故事當中，作者帶我們窺探一位搭乘電車的男子內心世界。在這個根本沒有任何威脅的情境設定中，讀者會立刻發現這名乘客在任何面向都缺乏安全感。他如此描述自己的處境：「對於身處在這個世界、這座城市、這個家庭當中的狀態，我一點安全感也沒有。」他覺得自己根本沒有任何正當需求，「即便只是隨口說說，我也說不出自己在任何方面能合理提出任何要求。」這位乘客甚至開始思考自己是否有權利站在電車上，以及該如何向其他人辯解自己站在這裡的事實——雖

然，「沒有人要求我這麼做，但這並不重要。」

然後，他的目光落在一位女孩身上。她站在他正前方，「她清晰出現在我眼前，彷彿我已經觸碰到她了。」在他看來，她就像他一樣有生命、有人性，「她的耳朵緊貼頭部，但因為就站在她身旁，我能看見右耳廓的整個背面以及耳根的背影。」他問自己，為什麼女孩心中沒有同樣的疑惑，「為什麼她沒有對自己感到驚訝，為什麼她雙唇緊閉，什麼也不說呢？」表面上與女孩距離親近，努力尋找精神上的知音，到頭來，乘客仍然是孤獨的，他的感受以及（不）作為都缺乏安全感。

缺乏安全感、自卑的人主要有兩種應對模式：他們迴避表達自己的需求與感受，也屈服於他人的想法。他們之所以這麼做，是因為懷疑自己的能力、想法，以及感受的合理性。遺憾的是，這種行為也會強化他們心中的孤立感。

缺乏安全感的自卑型人格典型特徵

你覺得自己有缺乏安全感的部分嗎？缺乏自信的人通常會這樣想，或如此描述自己：

- **「你可以拿去沒關係。」**：我把想保留給自己的東西讓給別人，把自己的需求放在別人的需求之後，因為我覺

得自己的需求沒有任何正當性。

- **「我相信你是對的。」**：當我的觀點和想法被反駁時，很快就會對自己的觀點與想法有所遲疑。
- **「我確定他不喜歡我。」**：我很容易就會退縮，也會避免與人接觸，因為我覺得自己很無聊也不受歡迎。

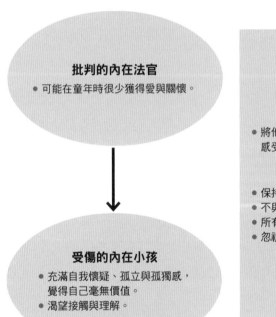

卡夫卡筆下乘客（缺乏安全感的自卑型人格）的心靈地圖

沒有別人就活不下去

不管是在伴侶關係中、朋友關係，或是「助人者」關係（比方說醫生、心理治療師、同事）裡全然依賴他人的人，會表現出所謂依賴的行為模式：他們幾乎不為自己的生活負責。如果要做出決定，他們絕對需要別人的協助。依賴性強的人常覺得自己無法獨自生活，為此他們也會承擔一些實際上不適合自己的事情。

在諾貝爾文學獎得主秘魯作家馬利歐‧巴爾加斯‧尤薩（Mario Vargas Llosa）的小說《壞女孩的惡作劇》（*Travesuras de la niña mala*）當中，里卡多‧索莫庫爾希奧（Ricardo Somocurcio）在年少時期愛上一個女孩，後來他發現女孩是個騙子，結果她卻消失不見了。在他的一生中，他多次遇到這位女孩，每次都真心真意對她，但她總是對他撒謊然後消失。他對

女孩非常依賴，不願質疑她的謊言，緊抓這段關係不放，但這種關係根本無法滿足他對安全感、信任可靠與互相照顧的需求，這就是典型的依賴型人格。

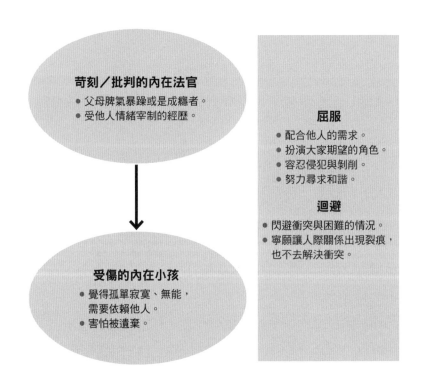

苛刻／批判的內在法官
● 父母脾氣暴躁或是成癮者。
● 受他人情緒宰制的經歷。

屈服
● 配合他人的需求。
● 扮演大家期望的角色。
● 容忍侵犯與剝削。
● 努力尋求和諧。

迴避
● 閃避衝突與困難的情況。
● 寧願讓人際關係出現裂痕，
　也不去解決衝突。

受傷的內在小孩
● 覺得孤單寂寞、無能，
　需要依賴他人。
● 害怕被遺棄。

里卡多（依賴型人格）的心靈地圖

依賴型人格的典型特徵

依賴型人格的人容易有以下想法，或這樣描述自己：

- 「**你覺得怎麼樣？**」：做日常決定時，我經常需要別人的建議或確認。
- 「**你能幫幫我嗎？**」：我需要他人幫我安排生活重要事項，例如財務管理、撫養小孩或規畫日常行程。
- 「**你是對的。**」：我很難反駁別人的觀點，即便我抱持相反意見並認為對方是錯的也無法反駁。
- 「**我自己做不到。**」：如果沒有人幫我，我很難完成任務並堅持到底。
- 「**我可以完成。**」：我經常主動承擔一些不愉快的責任，來確保別人會繼續關心、照顧我。
- 「**我非常不喜歡獨處。**」：獨處時，我會感到不自在。
- 「**很快就會遇到新的對象。**」：一段關係結束時，我需要一個新對象依靠。
- 「**不要離開我！**」：我常常會想到自己被孤單拋下，沒有人來照顧我。

控制欲與不信任感主導一切的人生

「這個世界就是弱肉強食的叢林！」這是美劇《神經妙探》（*Monk*）的片頭曲歌詞。蒙克是一名私家偵探，有無法克制的洗手強迫症。他的論證方式對強迫症患者來說也非常典型。通常他會先有一個偏執的念頭，例如，「水被汙染了。」然後做出評估，「這很危險。」接著產生消極情緒，「我怕中毒。」最後採取強迫性行動，「我只喝礦泉水。」

另一個案例是傑克‧尼克遜（Jack Nicholson）在電影《愛在心裡口難開》（*As Good as It Gets*）中扮演的厭世作家梅爾文（Melvin）。對梅爾文而言，許多事都沒辦法妥協，他去餐廳吃飯時會自己準備塑膠餐具，每次洗手都用一塊新的肥

皂，還有拒絕在石板路上行走等例子。

難怪他會變成社會上最不合群的人。就算其他人沒有對他提出任何人際關係方面的要求，對他而言，要輕鬆平順度過一天就已經夠困難了。和所有患有強迫型人格疾患的人一樣，梅爾文深知自己的行為沒什麼道理，同時也讓他很尷尬。他之所以態度傲慢、傷害他人、擺高姿態，同樣是為了保護自己。

強迫症患者的主要特徵是極端的控制行為，以及極度不信任他人的承諾或能力。他們未必具備任何外顯的強迫症狀，比方說不停洗手或一直檢查確認，但通常都極度徹底仔細、極度節儉省錢，對做事的流程有一套非常僵化的想法。

強迫型人格的典型特徵

有強迫型人格疾患傾向的人可能會這樣想或描述自己：

- **「這樣不行。」**：我對日常事務有非常明確的要求，如果有人做錯，我就會生氣。
- **「我有這麼固執嗎？」**：我經常聽別人說，他們覺得我是個非常固執的人。
- **「這個還能用。」**：我難以割捨沒有價值的東西。我是個節儉的人，有些看起來沒價值的東西搞不好以後還用得到。

苛求／批判的內在法官
- 完美主義式的要求：不允許有弱點，而情感和歡愉都是弱點。
- 缺乏愛與尊重理解。

迴避
- 遠離社群。

過度補償
- 對做事的流程有非常僵化的想法。
- 固執己見，不斷糾正他人。

受傷的內在小孩
- 生活孤立。
- 反社會行為。
- 不允許他人享受樂趣。

梅爾文（強迫型人格）的心靈地圖

一切都是陰謀，大家都是敵人！

　　大家知道，知名演員米高·肯恩（Michael Caine）的姓氏並不是父母給的嗎？年輕時，他深受《肯恩艦事變》（*The Caine Mutiny*）這部從赫爾曼·沃克（Herman Wouk）小說改編的同名電影吸引，就用電影中的船名作為自己的藝名。

　　電影講述的故事如下：一九四三年，海軍少校菲利普·奎格（Philip F. Queeg）擔任美國驅逐艦肯恩號的指揮官。奎格的指令與領導不僅強硬，還很無能，導致整個兵團與他逐漸對立。大副史蒂夫·馬瑞克（Steve Maryk）中尉起初還會為指揮官無理的行為辯護，但他很快就發現奎格對規章有相當偏執的傾向，軍官與船員都不堪其擾。奎格懷疑每件事都是陰謀，

他會針對一些雞毛蒜皮的小事施以嚴懲，事情也變得越來越難以控制。最後，為了不惜一切代價執行自己的命令，他將肯恩號開進颱風暴風圈中，危及全體船員的性命。

回到美國，軍官面臨軍事法庭的審判，罪名是叛變。然而，奎格在法庭上展現出自己的偏執行為，讓軍官的抗命行為看起來變得合理。

從現代心理學的角度來看，奎格患有偏執型人格障礙。他會將別人中立友善的態度理解為敵意，總是懷疑同伴在搞鬼。跟許多偏執型人格者一樣，他經常有被別人背叛和利用的感覺，所以他總覺得寂寞孤立。

偏執型人格的典型特徵

具有偏執特質的人可能會這樣想或如此描述自己：

- 「**他在搞什麼鬼？**」：我一直擔心別人要密謀對付我。
- 「**不要相信任何人。**」：我覺得要信任別人非常困難。
- 「**我受夠他了！**」：一旦有人跟我過不去，他就完蛋了。我非常會記仇，完全無法原諒別人。

批判的內在法官

- 父母可能有暴力傾向。
- 不安穩或缺乏安全感的經歷。

受傷的內在小孩

- 感到孤獨、悲傷與不被愛。
- 無法建立親密關係。
- 不信任任何人。

被寵壞的內在小孩

- 咄咄逼人，好爭論辯駁。
- 懷疑下屬意圖不軌。

迴避

- 遠離社群。

過度補償

- 不信任他人。
- 控制欲強、行事神祕。

菲利普・奎格（偏執型人格）的心靈地圖

03
破繭而出，
邁向更美好的人生

如果你無法感受到自己是被愛的，
那你就不可能徹底療癒內心受傷的孩子。
所以，你應該花點時間與心思好好照顧自己。

改變已經開始

　　你打開了心靈的衣櫥，檢查過裡面的每一件衣服。現在，你已經知道每件服飾的來源、什麼時候會穿在身上，以及穿起來是否舒適。那麼，你應該把自己收藏的心愛服飾好好整理起來，更常拿出來穿。把那些難看、不合適、穿起來不舒服的衣服扔進垃圾桶。把還能留著的單品保存起來，這些單品乍看之下可能很難看，但拿去給裁縫師改一改就能穿了。如今真的要實現願望了，把衣服都改為最適合自己的舒適尺寸。唯一的問題是，要怎麼改？很可惜，我們沒辦法拿一個大垃圾袋，一口氣把所有不想要的東西塞進去拿到舊衣回收站丟棄。擺脫討人厭的思維與行為模式需要時間與精力，如果沒有投入一定的時間與心力，改變是不會發生的。不過，這並不代表改變是不可能的。只要有一些指引與扶持，你就一定能成功！

如果你懂得洞察自我的內心，了解自身的感受與行為，改變就已經開始了。因為你已經在反思自己的內在體驗與外在行為，現在也更加確定你是否覺得自己強大與真誠。

如果你想朝某個目標前進，眼前就有一條新的道路。這段路上需要付出最多心力的人是你，我只能從旁提供一些建議與提示。現在，就讓我成為你的指路人，告訴你如何清理、重新整理內在衣櫥吧。

整體目標設定

想改變某些事情的時候，第一步是設定目標。這並不容易，因為每個人的情況不同，需要的東西也不同，但有一些準則和原則是普遍適用的。每個人都應該試著……

- 治癒或安慰受傷的內在小孩，使其從今以後不再那麼脆弱不堪。
- 給被寵壞的內在小孩有機會適當表達感受，同時也變得更有紀律。
- 減少內在法官的有害聲音。
- 消除有害的應對形式，讓自己有其他選擇。
- 強化快樂的內在小孩與成人自我，幫助你可以漸漸淘汰負面的幼稚情感與行為。

接下來，我會向大家介紹如何安慰和治癒受傷的內在小孩、如何遏制內在法官專橫與貶低的聲音，並且強化內心健康快樂的部分。要有勇氣！我對這套方法充滿信心，你也要有信心。我們一起努力，一定會成功。當然，你不必每一則練習都做。如果你心中沒有受傷的內在小孩，那就跳過所有相關練習。這套方法的優點在於你可以針對自己的需求，彈性解決各種問題。

針對大多數練習，你只需要一個安靜的地方、一個舒適的座位，以及大約二十分鐘不受干擾的時間就行了。不過，最好是根據你自己需要的時間長度調整，節奏由你決定。開始練習前，請務必詳細閱讀所有說明。

實現個人目標

我們已經完成清點存貨的步驟了，你知道自己會產生哪些幼稚的情緒，並了解這些情緒源自何處。你也思考過哪些行為模式特別有害，因此應該有所改變。現在的你，已經向前邁了一大步。幹得好！

現在我們要進入正題了，我會一步步告訴你，面對事情如何將主導權掌握在自己手中、採取能讓你覺得更舒適自在的行動，並且實現你的目標。

要做到這點，你必須知道自己的目標是什麼。什麼對你來

說特別重要，哪些事對你來說相對無關緊要？你希望在未來幾年內達成什麼目標，哪些事情是你願意放棄的？有些人希望事業成就高於一切，有些人則重視家庭生活。為了判斷對你而言最重要的事，釐清你真正想要的生活面貌，我們可以做一個「八十歲生日」的練習。這是一套想像力練習，你在前面的第一章已經接觸過。這種練習是一種思想遊戲，但是更深入，過程中你要想像各種情況，並且感受過程中內心浮現的情緒與想法。特別之處在於你可以控制想像的進程，也能決定要在想像的情境當中投入多深。

你的八十歲生日

　　生日、新年……在某些日子，我們會回顧人生，為自己達成的成就感到光榮，並為錯過的事物感到遺憾。這種回顧的問題在於，我們已經無法改變任何事情，所有的「應該」和「早知道」都是不可逆轉的。八十歲生日的練習就不一樣了，因為「過去」依然在我們前方，未來還有機會有所改變與調整，而且最棒的是能讓你真的活到八十歲時盡量減少遺憾。

　　找一個放鬆自在的姿勢，閉上眼睛，深吸深吐幾次。去關照氣息是如何透過鼻子進出體內。慢慢靜下心來。

　　完全放鬆之後，想像一下未來的旅程，直到八十歲生

日那天。你可以隨心所欲安排這天的行程。生日會在哪裡舉行？是在屋內、在室外，還是在另一個國家？有辦派對嗎？你想和誰一起度過這天？是伴侶、孩子、朋友、同事，還是其他同伴？到目前為止，哪些人在你的生命中扮演重要角色？

最後，在場的人當中有個人會站起來簡單講一段話。在這天，他或她應該要對你說些什麼？應該要特別讚揚你人生中的哪些面向？你是否特別勇敢、有愛心、幽默、成功或者細心？你自己想說點什麼嗎？在你的一生中，哪些人事物對你來說是非常重要的？有令你感到遺憾的事嗎？沒實現的目標呢？你希望自己如何度過一生，才能在八十歲生日時心滿意足地回首往事呢？

把所有對你而言重要的事情都說完之後，用一幅美麗的畫面來結束這次練習：與你生命中曾經和現在都特別重要的人坐在一起，或者與最好的朋友一起跳舞，在想像的畫面中做任何你想做的事。專注呼吸片刻，然後重新回到當下。

這次練習還好嗎？你是不是因為意識到生命有限而稍覺傷感呢？這種悲傷是有意義的。為失去或錯過的機會而悲傷是很重要的反應，因為這種情緒特別能激勵你制定積極正向的目

標，也就是釐清你想用生命剩餘的時間做些什麼。

　　透過這項練習，你可以看清自己真正想要什麼、什麼對你來說是最重要的。現在的我們常有一種感覺，就是必須在生活的各個領域全力以赴，但這種心態很不切實際，我們必須知道每件事的先後次序和輕重緩急。或許對你來說最重要的是建立一個家庭，或許你傾向以職場上的成就來定義自己，或許你想在一份有意義的工作中尋求自我實現，又或者你比較容易在一個龐大、親密如家庭般的朋友圈中找到快樂。不管對你來說重要的事是什麼，如果能弄清楚事情的先後順序，就更容易妥善分配你的時間與精力，並替自己設定目標。達成這些目標，會讓你真正地感到快樂與滿足。

幫助受傷的內在小孩

　　許多人內心深處都住著受到傷害與驚嚇的小孩，他從來沒有得到自己需要的東西。或許這個孩子沒有獲得足夠的重視與關愛，或許他的感受和需求遭人嘲笑，又或者一直沒有足夠機會來培養對自我能力的信心。即便長大成人，內在小孩還是會受到孤獨、遺棄、悲傷、自卑或不信任感的侵擾。

　　有時候，內在小孩好像已經跟我們道別了，一連幾天甚至數月，我們都不會遇到那個內在小孩。我們幾乎忘了那個孩子還在我們體內沉睡，直到某個平凡無奇、沒什麼威脅性的事件情境，再度喚醒內在小孩，他才又堂而皇之地宣告自己的存在：「我在這裡，我不開心！」

　　這種時候，我們內心的負面情緒是如此痛苦和強烈，以至於寧願與受傷的內在小孩保持距離。有時我們甚至為此感到羞

愧，而且超級想要否認這一點！但這是錯誤的應對方式。這個受傷的內在小孩是我們的一部分，現在要由我們負責照顧了。我們有責任給予受傷的內在小孩那份被剝奪已久的愛，而且現在我們有能力彌補童年時期缺失的東西了。所以，請照顧好你的內在小孩！撫慰、尊重、愛護這個孩子，趕走使其受盡折磨的孤獨感與自卑感！正如佛洛伊德所呼籲，「做自己的父親和母親！」

替受傷的內在小孩命名

如果你覺得自己的行為有時受到受傷的內在小孩或被寵壞的內在小孩引導，就有義務進一步了解這個小孩。如果想要做出任何有意義、長遠持續的改變，知識與理解是關鍵的前提。以下內容會帶大家了解，如何判別從童年時期延續下來的行為、為什麼以及何時這些行為是有害的，還有你幼稚的思維方式與其他「正常」的情緒感受有何不同。完成不同的內在人格解釋與描述後，我們會給大家機會寫下你在當中領悟出的全新見解，記錄你針對個人行為模式的發現。

永遠要記得，唯有當你真正了解自己的內在世界，才能著手進行改變。第一步是與內在小孩建立連結，而我們將透過不同技巧來執行這個步驟。替活躍的內在小孩命名滿有幫助的，比方說，你可以稱受傷的內在小孩為「孤獨的拉拉」或是「絕

望的雅各」；被寵壞的內在小孩可以叫「固執的利奧波德」或「叛逆小魔王」；快樂的內在小孩可能叫做「幸福的索尼亞」或「自信光榮的奧斯卡」。這樣你就能在內在小孩活躍時輕鬆與其建立連結。

受傷的內在小孩	被寵壞的內在小孩	快樂的內在小孩
專屬命名：	專屬命名：	專屬命名：
＿＿＿＿＿＿＿	＿＿＿＿＿＿＿	＿＿＿＿＿＿＿
• 悲傷 • 孤獨 • 絕望 • 無助 • 羞愧 • 被遺棄	• 憤怒、煩躁、暴躁 • 衝動 • 蔑視、驕縱 • 缺乏紀律	• 輕鬆、愉快 • 好奇心 • 充滿樂趣 • 自在 • 安全感

第一步：建立連結

　　許多人對童年記憶的印象都很糟糕，有些人甚至很討厭回憶童年。他們感到羞愧，甚至可能因為與童年相關的感受而憎恨自己。這類人傾向於忽視自己的內在小孩。這完全可以理解，畢竟有誰喜歡受傷與無助的感受呢？不過問題來了，如果總是避而不談，負面情緒就會一直控制著我們。要改變這種狀況，就必須與受傷的內在小孩建立連結，好好療癒他。

與受傷的內在小孩見面

如何與「小孩版本的自己」接觸呢？如何和他對話？如何幫助並撫慰小小的他？最簡單的方法是想像練習。回到過去，與小時候的自己相遇。盡可能讓想像畫面在眼前栩栩如生，再隨興自發地觸動內心的情感，包括內在小孩當年的情感，以及你現在對內在小孩的情感。如果你內心深處有一位受傷的內在小孩，就展開這段想像之旅吧。如果你已經在第一章做過這個練習，可以直接跳過。

回想一下，你最近再次感到孤獨與被遺棄的情境。慢慢想像，一步步進入情境中。現在，我們試著透過這個情境與受傷的內在小孩建立連結。

請閉上眼睛、放鬆，想像讓你產生負面情緒的情景。試著在內心重溫當時的情況，盡可能清晰感受那種感覺。準備好了嗎？你能感受到孤獨、悲傷和受傷嗎？我知道這很難受，但你做得到。如果你非常清楚感受到了這些不愉快的感覺，請在腦海中抹去當前的情境，留下感覺就好。

現在請回到過去。先停下來，任由畫面與思緒浮現眼前。腦中出現了哪些記憶？有哪些童年感受伴隨著這些記憶出現了？你能感受到當時的情緒嗎？這些情緒與你在當前情況下所經歷到的一樣嗎？還是有不同的情緒呢？

大家回想一下本書開頭提過的諾拉。她心中有一位受傷的內在小孩，這個小孩是在多年受霸凌經驗下逐漸成形的。這個時期留下來的主要是孤獨及孤立感，直到現在，在一些平凡無害的情境中這些情緒仍然會被迅速觸動。

　　於是，她躺在家裡的沙發上，找了一個舒服自在的姿勢。她問自己，「為什麼我的反應總是如此誇張古怪？」然後閉上眼睛，回想今天在辦公室裡的感受。她的思緒就這樣回到童年。很快，她進入一個遺忘許久的場景。她想起小學時的情景。每週一早上，孩子都要圍成一圈，輪流描述自己的週末生活。她超討厭這個活動！沒有人願意坐她旁邊，他們都把椅子拉得很近，不讓她有機會坐下來加入。老師要求同學挪出一個位置給她，隔壁男同學卻捏著鼻子小聲說：「諾拉好臭。」然後大家都會笑著捏鼻子。諾拉清楚記得那一刻她所感受到的排擠、悲傷與羞愧，這就像她今天在辦公室裡感受到的排擠、悲傷與羞愧。

　　你或許可以想像，要這麼密集、近距離面對自己的負面情緒，去感受那種壓得你喘不過氣來的孤獨與遺棄感，是很不舒服的一件事。但只有這樣，你才能在往後的日子替這些情緒找到它們該去的地方，並且限縮這些情緒對你造成的影響。

遇見小時候的自己

如果你覺得要接近小時候的自己很困難，以下練習可能會有幫助。你不必一開始就在緊繃的情境下建立連結。如果你還沒準備好做前面的練習，這個練習或許是個不錯的起點，先用這個比較謹慎小心的方式，來稍微「觸知」你受傷的內在小孩與其感受。

閉上雙眼。放鬆一下。想像自己走在鄉間小路，兩旁是綠油油的草地，陽光普照，萬物籠罩在金黃色的光輝中，你的身體也慢慢暖和起來。一陣溫和的暖風吹來，你聽到小路兩旁樹木的沙沙聲，沿著蜿蜒的小路前行，幾百公尺後小路消失在一座山的後側。精準想像所有細節。感受陽光灑在皮膚上、風吹過頭髮、眼前大自然繽紛的色彩、耳裡樹葉輕柔的沙沙聲……在柔軟的沙地上輕快漫步。停留在這個畫面。休息一下，讓自己完全放鬆。

準備好了嗎？一段時間後，你會看到一個小孩從山後走出來。他大概五、六歲，朝你走來。你慢慢走著，那個小孩也越走越近。過了一會兒，你發現那就是童年的你。小時候的自己離你越來越近。你慢慢走向他，輕柔、平靜地看著他。你們倆終於在小路上相遇，你溫柔和緩地跟他打招呼。你或許想要摸摸他的頭，可能想給他一個擁抱，

又或者是想要保持一點距離。

　　盡可能生動、詳細地想像當時的情景：小時候的自己是什麼模樣？相遇的感覺如何？你有什麼話想對小時候的自己說呢？你想和他多相處一點時間嗎？想和他一起坐在草地上玩耍？那就去做吧！

　　如果你覺得一切都沒問題了，那就跟他說再見吧。你還想送給小時候的自己一些東西嗎？看著這個孩子沿著原路回去。

　　現在慢慢回到現實世界，首先感受你坐下時身體的感覺，感受腳與地面的接觸，然後再睜開眼睛。

　　你可以獨自做這個練習。如果你想要，也可以去以前的幼稚園、其他重要或平靜的空間與小時候的自己相會。你可以和那個孩子一起做些活動，比方說逛逛小時候住過的房子，也許你想去小時候對你來說很重要的地方，可能你會遇到當時的其他人，例如兄弟姐妹、父母、朋友和老師等。

建立連結的輔助工具

有些人能在物品的協助下與過去的記憶建立連結，比方說照片、信件、可愛的玩具、某種音樂、氣味……這是因為感官知覺與我們的記憶和情感密切相關。文學作品中最著名的案例莫過於普魯斯特（Marcel Proust）筆下的瑪德蓮蛋糕。這種奇妙的蛋糕讓《追憶似水年華》（*À la recherche du temps perdu*）書中主角喚醒了生動的童年回憶。我們每個人都擁有一塊這樣子的瑪德蓮蛋糕，只是我們透過這些物件喚醒的記憶未必是愉快的。有些氣味會讓我們強烈想起不喜歡的人，或是曾經有過不愉快經歷的場域。

不過，你可以選擇有意識地利用這種瑪德蓮效應，與小時候的自己以及當時的感受建立連結。盡可能準確仔細地去感知那些情緒。透過這種方式，你或許能從過往經歷中找到當前問題的解答。

第二步：判斷需求

受傷的內在小孩出現時，你該怎麼辦？別擔心，我們有一套理想的療癒方法，透過三道步驟協助你完成「治癒內在小孩」的使命：

- 接納負面情緒！準確感受你的內心世界。

- 問問自己現在需要什麼或想要什麼，哪些需求目前沒有得到滿足，這讓你想起童年的哪些情況？
- 問問自己，與童年相比，你現在能更有效滿足哪些需求？

　　為了以正確的方式對待受傷的內在小孩，重點在於接納並允許這個孩子所觸發的負面情緒。在前面的練習中我們已經嘗試在做這件事了。現在，你可以再想像一下，小時候的你還需要什麼東西，才能過得更自在愉快。請試著完成下頁的練習。

我心中受傷的內在小孩需要什麼？

我將小時候的自己命名為：

_____

_____

與小時候的自己相遇的感覺如何？腦中出現了哪些想法？

_____

_____

這個小時候的自己希望我能做些什麼？他需要什麼？

_____

_____

在這段過程中，我想要給小時候的自己什麼東西嗎？我想說些
什麼話、送些禮物（例如溫暖的毛毯）、幾句建議，或者擁抱
安慰？

_____

_____

第三步：給予關懷

你現在知道如何與受傷的內在小孩建立連結，也知道他需要什麼東西才能更自在快樂。這就帶出下一個、也是最後一個問題：你該如何滿足內在小孩的需求？如何以充滿愛的方式來呵護他？如何撫平他的傷痛、平息他的恐懼？

在這裡，想像練習也是個很好的解決方法，因為這個練習的重點在於找到一個治癒的意象。在這個意象中，你或其他你所愛的、信任的人一起照顧著小時候的自己。

你已經懂得如何在想像中與受傷的內在小孩相遇，並設身處地感受這個孩子的孤獨與悲傷。然而，你與幼稚的自我之間其實還是有一道無法跨越的鴻溝——現在的你比當時的自己更堅強、更穩定。讓你深感震撼的兒時經歷，現在已經無法對你造成同等強度的刺激與傷害了。所以，你有能力好好安慰、支持和保護小時候的自己。如果你讓堅強的成人自我站在受傷的內在小孩身邊，安慰他、手臂摟著他的肩膀保護他，這樣會很有幫助。

圖片、符號和手勢也很有幫助。這通常會對受傷的內在小孩帶來非常正面的效應。我們應該將這些東西視為珍寶、隨身攜帶，這能協助我們記得時不時與小時候的自己交流，並以充滿愛的方式與那個孩子接觸互動。務必確保「小時候的自己」不再被忽視，並給予他應得的關注與讚美。

在以下練習中，你需要一件能與童年建立連結的物品。

想像中的撫慰

　　看看這個物品、摸摸它、聞聞它。你想到什麼畫面？有任何想法或感受嗎？你還記得哪些情景？你在哪些情況下看見小時候的自己？小時候的自己感覺如何？他現在需要什麼？他是否孤獨，是否感到悲傷、被排擠或者受傷了？走到他身邊，滿足他的需求。也許你會摟著他的肩膀，說些安慰和鼓勵的話。又或者你會保護小時候的自己，讓他不再受到惡意與無理的攻擊。

　　我們再來看看諾拉。她挑了一張班級的舊照片。照片已經有點皺巴巴、泛黃了，但我們仍能清楚看到諾拉看起來不是很開心。她的肩膀蜷縮著，目光閃避鏡頭。她不由自主想起小時候在放學路上被三個同學嘲笑的情景。所以，她想像長大之後的諾拉走到小諾拉身邊，勇敢保護她不受其他孩子的嘲笑，她大聲斥責那些女孩沒禮貌的嘲笑與對待，並請她們道歉之後再離開。

寫給自己的信（一）

更了解受傷的內在小孩之後，就應該要寫封信給小時候的自己。你需要一張信紙、一張草稿紙，還有一支筆。

先在草稿紙上寫一些筆記。想一想，今天的你能做些什麼來讓內在小孩更自在快樂。想一想，這孩子一直以來缺少什麼，還有你今天想給他什麼或對他說些什麼。想好後，就能正式動筆了。試著找一個既尊重又親切的稱呼方式，比方說「親愛的小諾拉」，然後針對內在小孩所經歷的痛苦表達同理。對他的處境與行為表達理解與共感，這是非常重要的步驟。接著，寫下你想為內在小孩做的事，例如：保護他、支持他、鼓勵他、安慰他⋯⋯最後，你應該要承諾那個孩子，今後你會好好地照顧他。

親愛的小諾拉：

妳的童年過得很辛苦。我多麼希望能有一台時光機，讓時光倒轉，擁有重新開始的機會。這一次，我會好好照顧妳，不會讓妳再受到如此惡劣的對待。我會保護妳、支持妳。很可惜，我們的人生沒辦法重來。

我也能理解妳當時沒辦法為自己挺身而出。就算我已經長大、夠強壯了，也不是每次都能站出來保護自己。

我只想告訴妳，妳對我來說很重要。從今往後妳可以

> 放心依靠我。如果人生再次出現艱難的時刻，我保證絕對
> 會陪在妳身邊。

　　成人自我與童年自我同等重要，都需要你付出關懷與呵護。請好好照顧自己！請確保現在的你也能得到自己需要的東西，例如連結、關注以及樂趣，這些需求不是只有孩童才會擁有，而是會伴隨著我們一輩子。如果你不能在當前生活中的每一天都感受到自己是被愛的，時常覺得自己的需求無法被滿足，那你就不可能徹底療癒內心受傷的孩子。

　　所以，你應該花點時間與心思來關懷、照顧自己。多年來，你可能一直不當地忽略自己，對自己過於挑剔、嚴格和苛刻。這對任何人都沒有好處。為什麼你不能像對待身邊你所愛的人、好朋友或伴侶那樣愛自己、尊重自己？請原諒我丟出這些問題。我的目的是想告訴大家，對自己好並不困難，但許多人都覺得這很不容易。以下問題或許能幫助你給予自己與受傷的內在小孩更多關愛：

- 為什麼我現在感到悲傷和受傷呢？我現在需要什麼來緩解這些感覺？如果內在小孩比平時更頻繁出現，那我目前的生活出了什麼問題？
- 我的工作或伴侶是否帶給我壓力？我是否因為失去重要

的人而感到悲傷？我是否在擔心某件事或某個人？我該怎麼做才能取得平衡、感到安慰？

- 我需要什麼才能感受到快樂而不是悲傷、感受到連結而非孤獨？

　　諾拉現在已經知道，她的不安全感與那些意外湧上心頭的孤獨感與孤立感是如何造成的，答案就是悲慘的學生時期。多年來她不得不忍受的霸凌，至今仍是她經常無緣無故感覺到被排擠和孤單的原因。不過，她也順利找到了能在這個時刻幫助自己的方式。諾拉接受團體治療，治療的場合與氛圍相當輕鬆。我們偶爾都需要與人交流內心感受、訴說心事，團體治療能讓我們知道自己不是世界上唯一一個有問題與煩惱的人。

　　這個團體給了諾拉很多力量。在這裡，她能向其他人傾訴辦公室裡的不愉快，而且完全不會覺得自己是個愚蠢的人。光是知道有人理解自己、感受到大家對彼此的尊重和善意，就足以成為她心靈的慰藉。

安撫被寵壞的內在小孩

　　你是否已經決定要好好面對自己被寵壞的內在小孩？這是個很棒的決定，這樣一來，你就能循序漸進替更美好、更獨立自主的未來做好準備。為此，你需要學會表達自己的需求，讓自己有機會得到滿足。

　　在生活中，我們有時難免會感到憤怒氣惱，這是人之常情，也不是壞事。如果在某些情況下別人用粗魯無禮或不公平的方式對待你，而你卻不生氣，那才有問題。談到憤怒，重點在於憤怒的程度和分寸。比方說，如果你單純因為朋友沒邀你去看電影而大發脾氣、做出傷人的反應，或是在聽演講時因為有人在你旁邊小聲說話而大聲抱怨，那你應該問問自己，這到底是對當前情況的合理負面反應，還是因為你心中有個被寵壞的內在小孩。

衝動反應也是如此。人生本就辛苦，每天都有新的工作任務與待辦事項要完成，而這些責任義務通常都無聊乏味，甚至令人生厭。所以啦，偶爾寬待自己是很重要的。如果你在忙了一週之後不想修剪草坪或不想健身，而是想躺下來聽蟲鳴鳥叫，那恭喜你，快去做吧！如果你完全不休息，永遠埋頭苦幹、生活被責任義務給塞滿，最後只會斷絕與自我、自身感受與個人需求的連結。

「坐在海灣的碼頭上，就這樣浪費時間！」一九六七年，奧蒂斯．雷丁（Otis Redding）自顧自在海岸邊吹著口哨、歡樂地唱著。如果你沒有體驗過星期天早晨的寧靜樂趣，現在就是改變的時機！話說回來，如果你不只是這樣度過星期天早晨，而是一週七天每天都是這樣過；如果你發現這種平靜所帶來的快樂越來越少，你也越來越不能實現個人目標，有可能是被寵壞的內在小孩作祟。你必須讓自己更有紀律。

被寵壞的內在小孩的憤怒和暴躁行為需要我們的協助。知易行難，我們該如何幫助這個孩子？我們要怎麼樣才能把這個孩子照顧好，從而重新實現我們的長遠目標，而不是一次次陷入困境之中？

第一步：找出原因

在第一章，你已經對被寵壞的內在小孩有更深入的了解。

你知道這個孩子什麼時候會醒過來，以及源自何處。現在，你只需要找出憤怒背後的需求，並學會用不同方式表達並滿足這些需求。憤怒通常沒辦法幫我們做到這一點，反而會阻礙我們辨別及滿足自己的實際需求。有時候我們也必須明白，被寵壞的內在小孩想要的一切是不可能完全得到滿足的。

憤怒背後的需求和感受有各種可能。重點在於了解憤怒從何而來：單純是因為被寵壞的內在小孩，還是其中也摻雜了受傷的內在小孩感受？

得不到就暴怒！任性妄為的內在小孩

有些人之所以憤怒衝動，是因為他們從未學會接受界限。他們從小就被寵壞，不曾練習約束自己。在這種情況下，其實孩子也是被父母忽略或忽視的，有些父母沒耐心與孩子互動，沒有力氣或意願拒絕孩子的要求、堅持說「不」。有小孩的人都知道，當小孩在超市地板上滾來滾去、大喊大叫、吵著要買巧克力棒，要堅定立場不讓孩子買是一件非常困難的事。但這也是父母的任務，如果父母不堅持，那就是在傷害孩子。從小就知道能靠發脾氣來達到目的的孩子，長大後絕對會碰到問題。因為我們不可能永遠都可以得到想要的一切，人類社會的共存共生並不是這樣運作的！

如果你覺得心中有一位狂暴、被寵壞的內在小孩，那不妨問問自己：「我實際上擁有多少權利？我是否需要更多紀律與

約束？」

這不代表你應該放棄樂趣與隨興自發的精神。反之，要盡可能讓生活過得美好充實！盡情享受一切！如果不好好享受、善待自己，把一切都保留給可能永遠不會到來的未來，這種心態才是真正的悲哀。若非必要，請不要剝奪自己的快樂！

不過，如果你覺得自己衝動幼稚的行為破壞了人際關係，因為你有時要求太多了，那就試著在紀律與放縱之間找到平衡吧。我知道這說來容易，做起來困難。剛開始你可能會感到沮喪，畢竟這條路並不好走。不要等待奇蹟。光是能夠承認自己在這方面有問題，你就該感到自豪。然後，我們要腳踏實地解決問題。小步前進總比原地不動還要好。如果你努力不屈服於內心的衝動，不拖延責任也不替自己爭取特權，而是去執行那些無聊惱人的任務、適應當前既定情況與環境，你就值得所有人的尊重！

還記得永遠老是在開車時發脾氣的烏韋嗎？烏韋的母親說，烏韋的父親也是個脾氣火爆的人，他經常脾氣失控，但全家都很體諒他。烏韋也仿效了這種行為。雖然家裡有嚴格的規矩，但家中的男人顯然不適用。時至今日，烏韋依然覺得他在公家單位、在海關或超市結帳時要跟其他人一起排隊是一種侮辱。他會大發脾氣，要求負責人或主管出來說明。問題在於烏韋在這方面總是順利過關。他散發出一種威嚴，讓大家都順他

的意。

　　儘管如此，如果他能明白自己跟其他人適用同一套規則，知道大家並非理所當然要體諒或接受他的脾氣，那對他和妻子來說生活會更輕鬆。說到底，許多友誼之所以破裂，正是因為並非每個人都願意像烏韋的妻子一樣無怨無悔忍受他的恣意妄為。

當憤怒與悲傷交織……

　　許多人覺得自己受到不公平待遇時會生氣。仔細觀察，他們憤怒的背後是悲傷與孤獨。因為他們在童年經常有不被接納的感受，所以現在很容易感覺自己被排擠。在實際上沒有任何威脅的情況下、聽到基本上無傷大雅的評語，他們也會輕易燃起怒火。

　　如果你的憤怒幾乎總是與悲傷和受傷的感覺連結，那你憤怒的原因並不是被寵壞，而是應該被理解成一種反應。如果你傾聽內心的聲音，就會發現「暴烈」憤怒情緒背後隱藏著悲傷或孤獨等「脆弱」的情感，那你主要應對的是受傷的內在小孩。在這種情況下，先去安撫和治癒受傷的內在小孩是很有用的。多數有這種困擾的人都表示，他們開始好好照顧受傷的內在小孩之後，就幾乎不再發怒生氣了。

談到被寵壞的內在小孩的憤怒表現，莎拉就是個典型例子。她內心深處其實藏著受傷的內在小孩的悲傷，因為她小時候有許多被拋棄的經歷，現在她才會很容易受傷、做出有攻擊性的反應。她在憤怒中感受到了自己追尋認可與建立連結的需求，她希望能有一個人依靠。事實上，她是在追尋父母沒有提供的那種無條件的愛與可靠的關懷。

　　很可惜，她多疑的心態以及經常具有攻擊性的行為卻造成反效果。她把朋友推開，因為她總是懷疑朋友想離開她。

　　對莎拉來說，她需要知道自己是值得被愛的，知道其他人其實沒有要離開她，因為她們很珍視她的陪伴與友誼，並且知道自己能夠依靠別人。因此，莎拉首先要照顧好自己受傷的內在小孩。一旦受傷的內在小孩得到治癒之後，她的憤怒可能就會隨之減少了。

　　你是否已經知道自己的憤怒與衝動是純粹而生的，還是伴隨著悲傷與脆弱？接下來的想像練習能幫助你釐清這點。執行以下練習時，你可能會覺得有點奇怪或有點可笑，但不要因此放棄或感到不安。這項練習的效用絕對會讓你刮目相看。

我希望這個練習能協助大家找出被寵壞的內在小孩在哪些情況下會出現、引發哪些感受,以及背後隱藏了哪些需求。如果你的憤怒和暴躁背後隱藏著悲傷與孤獨感,那找出受傷的內在小孩並加以安撫,這絕對有幫助。你可以多加利用本書的相關練習。在多數情況下,受傷的內在小孩得到治癒,憤怒也會消失。

分類並理解內在小孩的憤怒

被寵壞的內在小孩會誘使人做出輕率的行為。憤怒或衝動

行為背後可能有各種不同需求，所以我們的目標應該是學會能清楚表達出這些需求，讓需求得到滿足。因此，首先要找出隱藏在憤怒背後的需求。以下原因與生命經歷往往是導致我們養成被寵壞的內在小孩之原因。

缺乏自主權：許多青少年一直爭取自主自由的空間，但有時徒勞無功。例如：「不要進我房間！」「我和誰講電話不關你的事！」「不要插手管我的生活！」父母對此的反應往往是驚慌失措。他們害怕自己會失去主導權與權威，通常對孩子不夠信任。這種抗爭很正常，也有其作用，這有助於雙方進行必要的分離過程。父母喜歡將責任歸咎於青春期的孩子與他們旺盛的荷爾蒙，但父母自己往往也面對很多困難，無法放手讓孩子享有他們需要的自主權。

有些父母甚至完全不接受以適合孩子年齡的方式對待小孩。他們在完全沒有必要的時候控管孩子，比方說決定十六歲的兒子該穿什麼、干涉十五歲女兒的交友，或是在青春期子女的朋友面前說一些好像孩子還沒長大的話。面對父母過度干涉的行為，孩子的反應通常是反抗，而且這種反抗會生根發芽。成年後，子女很容易就會覺得有人在質疑他們的自主性，並做出頑固的反抗。

有樣學樣：想一想烏韋，他總是要求旁人給他絕對的禮讓

體貼以及特殊待遇。這種行為並非烏韋天生就有的,而是從父親那邊學來的。這種將他人的行為當成榜樣來學習,就是所謂的有樣學樣。由於烏韋的父親在表達自身需求時衝動、易怒、不體諒他人,烏韋就覺得這樣做是正常的,並且跟著這麼做。要是他的行為跟父親不同,旁人反倒才會訝異,覺得這孩子竟然有辦法養成另一種行為模式。

缺乏界限:花朵只要有充足的水、良好的土壤、陽光和愛,就能夠茁壯成長。但遺憾的是,孩子不像花朵,孩子還需要界限。為了吃第二根棒棒糖,孩子必須早點上床睡覺、打掃房間,這些聽來令人啼笑皆非、崩潰的掙扎,對孩子的成長而言必不可少。如果不給孩子機會,讓他們在做無聊但必要的事情時忍受挫折;如果我們從來不鼓勵孩子遵守紀律、堅持不懈,他們以後就必須為此付出代價。成功的成人生活離不開紀律和界限。這聽起來可能很怪,但如果你小時候被寵壞了,那可是一種不幸。在這種情況下,你長大後必須學會偶爾將自己的需求放在次要位置,也要學會去做一些無聊煩人的事情。

想一想:心中被寵壞的內在小孩發怒和衝動背後隱藏了哪些需求和原因?

第二步：設立明確目標

多少才算多？

確實，被寵壞的內在小孩帶來的需求與感受是完全正當、合理的。我們絕對、絕對沒有任何理由不讓你偶爾放縱一下或表達難受的挫折感。這就是鮮活人生的一部分，如同啤酒上的泡沫一樣。所以這裡我們談的重點同樣在於尺度。

多少才算太多？詢問好朋友是個不錯的辦法，可以了解自己是否有過於激進或自私的傾向。要知道，多數人都覺得要開口批評他人的行為並不容易。如果好朋友抱怨你自私或不可靠，可以假定這些指責或許有幾分真實，而且他們應該很關心在乎你。因此，如果有人對你提出批評，你應該認真看待、好好反省，捫心自問有時是否過於激進或衝動。你也可以為自己感到驕傲，因為顯然你是個很值得被愛的人、是個很棒的朋友，所以身邊的人寧願承擔與你發生衝突的風險，也不願失去你的陪伴和友誼。

當然，對你行為的批評可能是針對特定情況，並不代表你的整體人格。但你至少應該釐清這一點。認真看待這些建言，檢視一下是否能單純以情境的角度來客觀理解，還是說這些缺點就是你習以為常的行為。

目標與需求

　　每個人生命中的核心問題是：「我的實際需求是什麼？我目前的行為是否有助於滿足這些需求？」如果你已經針對這兩個問題找到或多或少滿意的答案，或說正面積極的答案，那就把這本書收起來吧，你不需要這本書，你已經具備幸福快樂生活的最佳先決條件。如果情況並非如此，以下練習或許能夠幫到你。

如果被寵壞的內在小孩主導一切：優點和缺點

　　改變憤怒或衝動的行為會伴隨巨大的挫敗感。所以，我們最好事先檢查一下這樣做是否值得。你可以畫一張表格來了解內在小孩的行為帶來的優點比較多，還是缺點多。之後，你會更容易判斷是否該做出改變。

　　看看被寵壞的利努斯的表格長什麼樣子，或許會對你有所幫助。讀者能回到第13頁複習利努斯的故事。即便到了四十歲，他母親依然什麼事都不讓他做，所以他才會一次又一次陷入困境。

	優點	缺點
短期	• 不必擔心煩人的事。 • 我知道自己不會受到太大挫折，就算碰到困難，也有媽媽幫我擺脫困境。 • 不必處理衝突，也不必為自己的利益認真努力或挺身而出。	• 我不是很關心或在乎自己的事，這常常讓我覺得有點丟臉。
長期	• 到目前為止，我迴避了許多事情。這種情況還會持續一段時間。	• 我屢次陷入不安的困境和險境。 • 老是丟掉工作。 • 失去為數不多的朋友。 • 母親依然是我唯一最親密的知己。 • 缺乏獨立性，不像個成熟的大人。 • 母親老了之後怎麼辦？

　　也許你的表格與他的表格類似，有相對較多的短期優點和長期缺點。利努斯必須做個決定。什麼事對他來說更重要？是短期好處，還是長期滿足他對自主、連結、減輕壓力，以及在人際關係與職場上更成功的需求？沒有人能替他做這個決定，也沒有人能替你做決定。

空椅對話

　　如果你還無法做決定，或許另一種練習方式能讓你豁然開朗，那就是空椅對話。透過這種心理技巧，可以讓內

心衝突更生動具體。在諮商情境下，你需要擺放兩把椅子。不過在家裡，你可以擺上兩個可愛的玩具、洋娃娃或是人偶。

不管你選擇擺放兩個絨毛玩具或是兩個煮菜鍋，重點在於你要將其中一個（比方說那個紅色的小鍋子）跟被寵壞的內在小孩相互連結，另外一個（或許是大的不鏽鋼鍋）則與你的成人自我連結。接下來，請在兩個象徵物之間切換，有時採用被寵壞的內在小孩視角，有時切換到成人自我的視角，讓它們互相對話。你可能會心想，這個角色扮演也太瘋了吧！但是，這種人偶或玩具的角色扮演能很好的協助你釐清經常出現在這兩者之間的內在衝突，並且找出你真正想要的東西：到底是滿足短期需求，還是實現長期目標？

第三步：獲得控制

現在我們要認真開始囉！如果你已經下定決心，下一步就要來改變行為模式了。因為你是真心想在未來好好控制自己的行為，不要再讓無意識的模式綁手綁腳。長遠來看，你可以讓自己有意識地展開行動，去做對自己有利的事。

做出與以往不同的決定是一項巨大的挑戰。不要低估這項

行動，但也不要低估自己，你可能比自己以為的更有力量、意志力更堅強。

不過，講求實際還是很重要的。制定自己能實現的目標，否則一定會遇到挫折，你也很有可能因此放棄。所以，請定一個既能夠挑戰自己，但是又切合實際的目標！

未被滿足的需求

什麼樣的目標是實際的呢？這因人而異，但要做出判斷並不難。首先要找出哪些目標和需求對你來說是重要的，因為你不可能馬上改變所有行為。不過，你可以從重要需求受阻礙的面向著手。我們可以先思考被寵壞的內在小孩會在哪些情況下變得活躍，而哪些需求因此無法得到滿足。

被寵壞的內在小孩出現情境	內心哪些需求因此無法被滿足？

參考我們在第68頁認識的茱莉亞，她的表格記錄或許能讓你在填寫時有所依據。茱莉亞心中被寵壞的內在小孩很容易

跑出來刷存在感，而且出現頻率很高，因為她總是覺得自己被人占便宜、得不到別人的認可。她經常抱怨發牢騷，大家都覺得她很煩，也越來越少對她表達認可與同理。

被寵壞的內在小孩出現情境	哪些需求因此無法被滿足？
• 我長期對工作感到沮喪，常對姐妹淘大肆抱怨，但我都不聽她們的建議。 • 有時候我甚至會對老闆大發飆，但通常是因為一些芝麻蒜皮的小事，根本沒必要這樣小題大作。	• 我感受不到朋友的關愛，因為我拒絕接受。 • 因為表達方法不當，我無法妥善地向上司主張自己的立場與見解。 • 對我來說，我真的非常不希望被別人利用或者無視，但跟我交談的人可能真的不會再把我當一回事了。

對茉莉亞來說，會觸發「被寵壞的內在小孩」的永遠都是這類情境，而且無法滿足的需求也總是離不了那幾項。你也是嗎？你能說出其中相似之處嗎？

如果你可以，這就是下一步的完美基礎：為自己設定切合實際的目標。想想在什麼情況下，你最容易受到被寵壞的內在小孩影響？在什麼情況下，你的需求尤其得不到滿足？重點是，你要先關注一些具體情況，學會評估在這方面做出改變的難易度。這段過程可能滿累人的，也會讓你沮喪挫折。不要讓自己壓力太大！但跨出新的一步絕對是值得的，就算步伐一開始看起來很小也沒關係。

好目標與壞目標

你知道自己想要改變哪些行為之後，現在就要將目標付之實踐了。為此，你必須對未來的行為和態度有一個正面積極、具體明確的想法。制定明確的目標不容易。目標應該盡可能具體且實際。我們必須思考一下，在有限的時間內（不超過一週）、在你具備的先決條件（時間、韌性等）之下，你能實現什麼目標，然後非常明確去制定目標。舉例來說，不要把目標設為「我想在團體中感覺更自在」，而是更明確的說「我想在週二去參加聖誕晚會，並在那裡找一個人搭話、聊上幾分鐘」。不要只說「我想要變得更有自信」，而是「下次網球俱樂部大家聚在一起的時候，我想主動詢問是否有人願意跟我打一局」。唯有以具體、積極和實際的方式制定目標，目標才有可能實現。在任何情況下，目標都應該具體描述一種行為，而且要以對自己負責的形式來組織建構，我們不能說「同事應該來詢問我要不要加入聚會」，而是「我想主動問同事下次聚會我能不能參加」。

我希望大家現在已經大致理解什麼樣的目標是好的、什麼是壞的。不過，一開始我們還是很難實際判斷自己的能力在哪。以下問題能協助你找到答案。

被寵壞的內在小孩改造評估：
設定我的具體目標與期許

在哪些情況下（比方說在親密關係、工作或體育運動中）我必須限制心中那個被寵壞的內在小孩？

_____

_____

哪些情況對我而言特別重要？

_____

_____

哪些改變對我來說相對容易？

_____

_____

哪些改變對我來說可能比較困難？

_____

_____

什麼樣的目標是符合現實的？制定計畫，並具體寫下你想要改變的事情。（例如：我想要每週跟男友去做一次瑜伽。）

_____

_____

_____

你會如何獎勵自己？（舉例：如果我連續兩週都有按照計畫執行，就找一天去做三溫暖。）

_____

_____

_____

利努斯會如何填寫這份問卷？他可能厭倦了與朋友、同事和雇主之間的衝突。他可能還想擺脫母親的束縛，希望自己更有男子氣概、更獨立成熟。一下子就要解決所有問題並不實際。所以，利努斯必須謹慎考量，在哪些情況下他的行為令自己特別困擾。

如果他特別害怕與朱里的友情會決裂，那麼他可以下定決心不再讓朱里替他做任何事，而是好好傾聽朱里的心聲。具體來說，利努斯必須去更正自己正確的戶籍地址，並在下一次碰面時主動問候朱里的近況。他可能很快就會發現朱里非常高興。為了獎勵自己，他還會請朱里到街角的越南餐廳吃一頓。

但這只是開始而已。要實現自己的目標，利努斯還需要克服一些障礙。但他可以開始為自己感到驕傲了。

訣竅：妥善控制情緒

接下來將提供一些訣竅，協助你控管自己的行為，抵抗頑強的思想與行為模式，讓你最後能進一步滿足個人需求。

「其實我知道！」學會判讀信號

如果仔細觀察，你會發現當你處於特定情況、受到被寵壞的內在小孩控制時，總會有同樣的身體感覺和想法：肩膀緊繃、緊咬嘴唇、大力跺腳、握緊拳頭……或者還會有「當然，那還用說嗎！」、「都是一群白痴！」或者是「去你們的！」

等想法。這些想法和身體反應都是預警信號。如果你能留意這些信號，或許有辦法阻止內心正在醞釀的龍捲風。就算其他部分已經沸騰，你還是有機會讓頭腦保持冷靜！另外，最好在憤怒過於激烈之前，就把情緒表達出來。所以要保持清醒覺察，不要讓憤怒掩蓋過理智！

適度表達你的憤怒

以恰到好處的方式來強調自己的憤怒，是向對方表達憤怒最好的方式。暫時保持冷靜，客觀解釋哪裡讓你不高興。只有當你意識到對方沒有在聽你說話時，才可以再進一步強調加重。但不要太過。

如果你感覺暴風雨即將來臨，如果你發現有什麼東西正在醞釀，而且風力正慢慢增強，那先什麼事都不要做！休息一下，做一兩次深呼吸，去上個廁所、伸個懶腰，把窗戶打開。不管做什麼都沒關係，但請讓自己休息一下，暫時脫離這種狀況。這能協助你釐清，這場憤怒你到底希望達到什麼目的、得到什麼。

療癒內心的幸運小物

你可能看過一些美國電影，裡面的私家偵探、商人或警察在忙了一整天之後都會喝一杯。但他們喝完酒後，通常都會變得頹廢不羈，軟爛無力。我建議大家不要等到事後，而是在事

前先做些什麼，這樣能減輕一些壓力。當然，喝酒絕對不是解決辦法。隨身攜帶的放鬆小物其實就有這樣的效果，而且不會讓你變得頹廢軟爛。你可以把一塊光滑的石頭放在口袋，關鍵時刻摸一摸，每當有什麼事情令你火冒三丈時，就在腦中想像出一幅讓人平靜的畫面，或是一首能帶走痛苦的歌曲。《真善美》（*The Sound of Music*）的主題曲對我來說就很管用。當我哼唱這首超級芭樂的歌曲時，便會意識到眼前的事情有多荒謬，並且無論我剛才有多憤怒，最後都會不自覺展露微笑。

另闢蹊徑（一）

偶爾走進心理的掠食者牢籠，以想像的方式進行替代行為訓練。如果你常常這樣做，就很可能得以偏離你在現實中的有害模式。這種心理訓練多少是為了真實情況做準備。

想像一個你通常會生氣的場景，讓自己設身處地進入那種情緒。感受那些情緒。現在，想一想你需要什麼東西來減少憤怒。你需要朋友向你再三保證，保證並不是所有人都對你不懷好意、拒絕你嗎？你需要有人支持或擁抱嗎？無論你需要什麼，在想像練習中你都能得到！也請你試著稍作調整，想像如果你不發脾氣，情境會怎麼發展下去。客觀表達自己的需求，並標記出你覺得會被冒犯或禁止跨越的界限。

茱莉亞很難拒絕別人，總是忍氣吞聲，現在她終於下定決心要心平氣和找上司溝通，表達加班已經讓她不堪負荷了。她不想繼續向朋友抱怨，因為這樣不僅會破壞朋友相處的氣氛，也無法實際改善問題。於是，她在想像中練習與上司交談。在這段過程中，她發現當朋友夏洛特在想像的畫面中站在她身旁，她的感覺會好很多。這讓她有一種安心、踏實的安全感。在她實際與上司對話之前，她會想像夏洛特就站在身後當她的後盾！

另闢蹊徑（二）：行為實驗

行為實驗非常特別，這種實驗充滿樂趣！這會激發你的創意、幽默感，還會挑戰你的遊戲能力及創造力。

刻意進入一個你通常會做出不適當行為的情境。烏韋應該想像自己在交通要道開車，茱莉亞應該想像自己在辦公室某個屬於她的位置，利努斯則是拆自己的信。但是這次不要摔門、不要對伴侶大吼大叫，或威脅其他駕駛，而是做一些截然不同的事。比方說？盡情發揮想像力吧！這可以是幽默滑稽的、誇張的，但重點是這能協助你擺脫舊衣服的束縛。透過這樣的練習，你將感受到其他行為模式也是可行的，而且更有可能滿足你的需求。

強化快樂的內在小孩

生活並非總是一帆風順。我們經常會陷入無助和悲傷的處境。要做的事情很多，時間卻很少。煩惱很多，輕鬆和快樂又太難得。有時候事情就是無法改變，比方說父母或子女生病，或者必須在最後期限前完成工作。

正因日常生活如此緊繃，我們才必須替自己創造空間，在灰暗之中帶來一點陽光，在陰霾之中找到一些歡樂。在這種輕鬆愉快、恣意歡樂的時刻，快樂的內在小孩會帶來全然的滿足和喜悅，這也是預防憂鬱和壓力的最佳良藥。所以請讓快樂的內在小孩活起來，加強你那歡樂隨興、輕鬆愉快的一面。表面上看來你是浪費時間在胡鬧玩耍，但這其實是很有價值的投資！

你可能會想，「這聽起來沒錯，很有道理，但是要怎麼做到？」多數人都難以啟動快樂的內在小孩，在工作和煩惱夾擊

之下，我們與快樂的內在小孩失去了聯繫。然而，快樂的內在小孩依然需要我們的關愛。

最好的連結方式，就是去做些可以引出快樂的內在小孩的活動。不過，只是大聲喊出「氣氛好讚！」，並不代表派對就開始了。快樂的內在小孩是無法勉強的。首先，多數人並不曉得自己真正喜歡什麼，而直接詢問他們會讓這些人感到無助和沮喪。另外，有些人心中有強大的內在法官，他們寧可放棄玩樂，因為他們會感到非常內疚、必須苛責自己。

尋找快樂的內在小孩這段過程可能需要更長的時間，而且經常會遇到障礙或不得不繞遠路。但你不需要氣餒。這些幸福快樂的時刻——當我們與自己共處、與所愛的人相處時；當我們感覺到彼此連結、無憂無慮；當我們想要擁抱這個世界；當一切都閃耀著最美麗的色彩，這就是我們擁抱、接受生命，以及活在世上的原因。

第一步：嘗試接觸

與其他內在小孩一樣，快樂的內在小孩也是在某些特定情況與場合才會出現。只有幸運的少數人能夠輕鬆自發進入這種狀態，而且還能在很大程度上不受情境影響。想強化快樂的內在小孩，首先要考慮在哪些情況下、透過哪些活動能最有效成功啟動。

如果你發現自己很難找回快樂的內在小孩，可以嘗試搭建一座所謂的「情感橋梁」。在這裡，情緒能協助我們將過去與現在連結起來，讓我們更容易觸及自我充滿樂趣、好奇的一面。建立這種情感橋梁的最佳方式是想像練習，回憶過去情景，追溯當時的情緒感受和感官印象，並試著找出現在具有類似感受的情景。

情感橋梁

找個地方坐下，雙腳穩定踩在地上。閉上雙眼，將意識集中在呼吸上。有意識深呼吸，吸氣……吐氣……讓自己徹底放鬆。

現在，問自己：「我上一次感到無憂無慮和快樂是什麼時候？」也許是上週三你和朋友去跳蚤市場的時候，也許是夏天和孩子去游泳和野餐的時光。也可能已經有一段時間了，是一個特別美好的聖誕節？還是工作中的成就感？或者和妹妹在動物園玩一整天的日子呢？

讓自己投射到情境中，盡可能生動、詳細地想像一切。那是怎麼樣的一天？陽光燦爛嗎？誰在那裡？你做了什麼？還有，你感覺如何？陽光是否讓你的背整個溫暖了起來？嘴角是否還殘留著甜甜、黏答答的檸檬冰淇淋？腳趾之間有沙子嗎？風是否輕輕吹動了你的頭髮？

這項練習的目的是利用形象最鮮明的想像，來與快樂的內在小孩建立連結。你可能認為自己早就與那塊全然快樂的內在部分斷絕聯繫了，但事實並非如此。這些感覺只是稍微被塵封，或甚至是被埋沒而已。透過這項練習，你會意識到這些感覺依然存在，你只需要再次將它們挖掘出來。

此外，強烈的情感和感官記憶還能協助你架起通往現在的橋梁。透過這些感受，你就能順利替現在的生活安排類似的活動了。有時候，我們一時會想不到能做些什麼來啟動快樂的內在小孩。做完這項練習，你或許會有一些新的想法。

在修道院長大，已是成人的年輕女子安德利亞，禁止自己在生活享受任何樂趣，她也正在挑戰這項任務。安德利亞可能會覺得自己難以培養出一個快樂的內在小孩。所有快樂的活動都伴隨著強烈的罪惡感與自我厭惡感。此外，她的童年幾乎沒有歡樂和玩耍的空間。由於童年的糟糕經歷，她長期處於憂鬱和不穩定的狀態。

特別是針對安德利亞這種人，如果能強化快樂的內在小孩，她絕對受益匪淺。同時，心理治療師也能盡量說服她，讓她知道與快樂的內在小孩建立連結有多重要。她知道有哪些活動能幫助她嗎？安德利亞不曉得。她無法自主想出任何活動。所以她將自己帶回童年。這對她而言並不容易，因為安德利亞的童年只有枯燥乏味、罪惡感，還有嚴厲的懲罰。但最後她想

起了一段愉快的回憶，她想起一位年輕的修女。卡蒂修女幽默風趣、待人熱情，但只在修道院學校待了幾個月。安德利亞幾乎把她給忘了。現在，她又想到了一趟自行車之旅。那是一個非常溫暖的五月週六。卡蒂修女很早就把她叫醒，興高采烈地跟她分享這次旅遊的計畫。安德利亞依然記得，她們騎著單車經過一片光禿禿的田野，道路兩旁是高大的栗子樹。樹梢上剛生長出第一抹綠意，風吹拂著她的雙腿和秀髮。她還記得卡蒂修女的笑聲和雀斑，以及她們在報紙攤買的可口杏仁冰淇淋。

等下一次天氣回暖，安德利亞買了一杯杏仁冰淇淋犒賞自己，然後坐在草地上。她有意識地享受著吹過腿上的風，吃著杏仁冰淇淋。她仍然感到有些內疚，但也莫名覺得快樂、獨立和滿足。

如果你需要更多靈感，下面清單或許會有幫助。不過，能啟動快樂的內在小孩的事物與活動因人而異。對某些人來說，那有可能是賽車跑道模型，有些人可能會想在湖邊度過一天，或是傍晚到游泳池游泳。對某個人來說快樂的事，有時會讓另一個人焦慮緊繃。清單上可能剛好有適合你的東西，或者其中一兩項能讓你有了新想法、知道到底什麼東西適合自己。

我可以透過以下方法喚醒快樂的內在小孩：
- 跟著收音機播放的歌曲一起歡唱。

- 讓陽光照在肚子上。
- 赤腳走在雨中。
- 跳進蓬鬆柔軟的秋日落葉堆中。
- 在床上跳躍。
- 跟男朋友在廚房裡聽著法蘭克‧辛納屈（Frank Sinatra）的歌曲舞動。
- 和媽媽打枕頭仗。
- 邀請姐妹參加睡衣派對。
- 模仿鳥叫聲。
- 打羽毛球的時候逗弄朋友。
- 和姪女合作用桌子、毯子和膠帶做出一輛卡車。
- 把這本書扔進河裡。

希望大家現在至少有些想法，找出能讓快樂的內在小孩更常出現的方式。即便你認為這邊沒有適合你的方法，也可以多多嘗試一些新事物。

第二步：給予空間

我希望你已經能更準確了解快樂的內在小孩的感受，以及該如何喚醒它。現在，你的任務是在生活中給這些活動騰出更多空間。在你的行事曆中明確規畫具體的活動。比方說，週一

晚上找好友盧卡斯一起玩滑板，週日早上和克拉拉阿姨一起在樹林裡跑跑步，只要是能帶給你樂趣的活動都好！請注意，不要讓其他責任義務或雜事干擾或占用這些時間。這些活動很重要，因為它們對你大有好處！

第三步：融入日常生活

與快樂的內在小孩建立連結之後，下一步就是如何進而將這種狀態融入日常生活中。它不該是一種特殊的狀態，就像聖誕毛衣一樣每年只能從衣櫃裡拿出來穿一次。讓自己重新感受到當年那個快樂的內在孩子之愉悅，這應該成為日常生活中永久常駐的一部分，至少每天一次，讓你充滿好心情！不過有幾件事需要特別注意：

請安排充裕的時間！在時間緊迫的情況下，把快樂的內在小孩的活動安排在兩個行程之間是行不通的。你需要有個很輕鬆的氛圍與心情，才能成功引出快樂的內在小孩，否則等再久也等不到。你必須給予必要的關注與覺察，好好花時間絕對是值得的！

就算只是小小進步也很棒！就像任何改變一樣，這項任務無法一蹴可幾。不要給自己壓力，如果你生活中快樂無憂的時

光還不是很多，那就再多給一點時間，讓這種感覺慢慢培養增加。仔細觀察，你會發現快樂的內在小孩將越來越有自信、越來越常出現在生活中。

請不要畫大餅！無論如何，請記住，你沒辦法無限量提供時間給快樂的內在小孩。你可能跟多數人一樣，日程表已經排得很滿了。安排太過頻繁或長時間的活動給快樂的內在小孩，這其實有點不切實際，所以要務實，並保持彈性。妥協也是必要的，每兩週去一次游泳池總比完全不去還要好。

分享能讓快樂加倍！即便你只能吃半球冰淇淋，但如果能與人共享，滋味會更美妙。當然，如果只吃半份，對身材也是一件好事……總之，跟喜歡的人分享美好的事物好處多多，還能節省時間。比方說，漢娜是職業婦女兼單親媽媽，她根本無法為了快樂的內在小孩從工作和家庭中額外抽出時間。然而，她仍然試著想辦法讓她的學生與孩子參與其中。他們一起做了不少能啟動快樂的內在小孩之活動，例如枕頭大戰、魔法廚房、一起吹奏樂器。這不僅節省時間，而且更有趣。通常，全家人共同投入時間在一些美好的事物上，對大家都有好處。

不要有任何勉強！快樂的內在小孩並不是在壓力下產生的。你必須在對的心情和氛圍當中才能辦到。即便你已經在日

常生活中為快樂的內在小孩安排一段特定的時間，有時候事情還是會不盡人意。或許工作讓你心煩意亂，或許孩子生病了，或許你正在經歷痛苦的分手階段……那現在就不是快樂的內在小孩出場的好時機。快樂的內在小孩會等你。經驗顯示，在這些情況中，把注意力放在成人自我，你的感覺會比較好。等適合的時機出現，再好好補償快樂的內在小孩吧。

擺脫內在法官的糾纏

如果你有一位受傷的內在小孩，那心中可能也有一個或多個有害的內在法官。這兩者很喜歡結伴出現！所以你必須同時解決這兩個問題。如果你想治癒受傷的內在小孩，就必須對付那些想要阻礙你的內在法官，限制他們的言論與行動。不要讓這些尖銳的聲音繼續擾亂和傷害你的內在小孩，否則那個孩子將永遠無法復原，也無法變得更強大、快樂。

比方說，諾拉在受傷的內在小孩活躍之下，也會聽到以前同學貶低的言論，像是「妳好笨」、「妳好臭」、「妳不夠酷，不能跟我們一起玩」等，這些貶低的話語總會反覆在小諾拉腦中嗡嗡作響、再次傷害她。與這些聲音抗爭非常重要。在本章節，我們會提供大家對抗這些聲音的工具。

順道一提，諾拉快樂的內在小孩也能幫助她。在這種情況

下，她累積了足夠力量，讓她不會把貶低的聲音看得那麼重。在快樂、無憂無慮的狀態保護之下，諾拉知道事情發展可以變得不一樣，而且能變得更好。

接下來，請你將內在法官的聲音寫下來。如果你同時感受到批判的內在法官與苛刻的內在法官聲音，請將他們說的話分別記錄。當然，白紙黑字寫下這一切並不容易。但是，仔細觀察敵人是很重要的。越了解敵人，就越能一舉獲勝。

檢視我心中的內在法官

內在法官傳達的訊息是什麼？

_____

_____

我如何判斷內在法官是否處於活躍狀態？

_____

_____

有哪些典型的情況或因素會喚醒內在法官？

_____

_____

那時我有什麼感覺？

_____

_____

然後我會有什麼想法？

_____

_____

這些訊息讓我想起過往人生中的誰？有哪些相關的回憶，或被
喚醒的回憶？

在這種狀態下，我會有哪些行為反應？

還有哪些內在人格也參與其中？（例如，受傷的內在小孩）

當內在法官活躍的時候，我需要的是什麼？我有哪些需求？

我的行為是否有滿足我的實際需求？

我的內在法官對我的安全感有什麼影響？

第一步：理性檢視

第一步還是要來盤點一下。現在，你已經知道不斷給你帶來壓力或貶低你的聲音是從何而來的。你也知道童年和青春期的哪些情況和人物的存在，導致你現在覺得被貶低、羞愧，甚至憎恨自己。但是，把這些過去的聲音降低到可以忍受的程度或使之完全消失前，讓我們先來做個大盤點。

在這個步驟，我們也必須透過想像練習來與內在法官建立連結。但一定要謹慎小心！重點在於我們要去感知這些聲音，但也要好好保護自己。保有理性反思的能力，不要一股腦掉進內在法官帶來的感受中。如果你閉著眼睛想像某些情境，批判的內在法官有可能會立刻主導你的情緒與反應，導致你萌生無法自行輕易擺脫的痛苦感受。所以請保護好自己，慢慢來。按照說明與引導來進行，每做完一個步驟就問問看自己感受如何，是否準備好繼續前進。如果你認為這個練習可能會讓你產生難以承受的痛苦情緒，請確保在練習結束後能有親近的人陪你聊天。這可能會舒緩、平撫你的情緒。

辨識你的內在法官

讓自己舒舒服服、放鬆下來。專注於呼吸，有意識地吸氣、吐氣……

現在想一想，在過去幾天內，你的內在法官是否有發

出聲音？你是否無緣無故感覺壓力很大？雖然當時的情況完全無害，但你是否有被強烈拒絕的感受？你是否覺得自己被迫做出違背自己利益和需求的行為？

接下來，你應該找出那個活躍的內在法官。要做到這一點，你需要回想一下當時的情況：那是什麼樣的情況？如果你做了想做的事，會有什麼感覺？你會覺得自己失敗了嗎？你會覺得自己像個叛徒？會感到內疚或覺得自己做錯事嗎？如果羞恥感、自我憎恨和恐懼感一直存在，那可能主要是批判的內在法官在運作。如果你的感受是挫敗與內疚，那可能就是苛刻的內在法官。

如果你不確定，請仔細傾聽有害的內在聲音，它是用什麼語氣說話？這種語氣聽起來熟悉嗎？你知道這種教養模式是誰造成的嗎？好好了解這個聲音。在接下來的練習中，你就能讓它安靜下來，甚至徹底消音。

內在法官的聲音是從何而來？

教育並不容易。大部分的教育都是出於好意，然而，實際上所有父母多少都會讓孩子感到挫敗。鋼鐵般的規則往往蘊含有益的概念，但也有可能造成很大的傷害，這都取決於語境與詮釋。「先工作，後享樂」可能代表工作比享樂還要重要，但也可能代表要先把不愉快的事情做完，才能好好享受一天當中

的快樂時光。同樣，「不要把自己看得太重要」這句話在親暱或玩鬧的情境下未必是傷人的，可能也不會造成什麼心理陰影。但是在一個禁止表達任何需求的家庭環境中，這句話的含義和效應就徹底不同。或許你也很熟悉這類型的語句，它們已經深刻烙印在你心裡，並常在你非常脆弱的時候冒出來。也許你還記得那個一遍又一遍對你說這些話的人。有些句子聽起來無傷大雅，有很多詮釋的餘地，其他則明顯帶有傷害的意涵。有時那只是一個貶義詞或侮辱的詞語，比方說「白痴」、「軟弱的傢伙」或者是「賤人」等父母用來貶低孩子的詞彙。

你的下一個任務是收集內在法官傳達的訊息。如果你內心有一位強大的批判型內在法官，記得在應付以下問題時，用思考邏輯的方式來面對，不要用情緒去接應！

首先，收集所有平常會攻擊你的苛刻句子或批判式聲音，然後想一想是誰在什麼時候把這些聲音塞進你腦中，這些聲音如今在什麼情況下會讓你感知到它們的存在，以及你生活受其影響的程度（以一到十分來表示），詳見下頁表格。

內在法官的聲音	來源	活躍的時刻	影響分數 （1～10分）
舉例：「只為自己做事的人是自私的。」	我媽總是先為別人著想（有樣學樣）。	只要我想稍微犒賞自己，就會聽到這個聲音。	現在的影響力：7分

第二步：做出改變

　　在接續步驟當中，我們要試圖擊退內在法官帶來的有害思考模式影響，或者使之完全消失。當你的內在法官具有強大的批判效果，就特別需要做此改變。

　　然而，並不是所有施加壓力、逼迫我們去做不愉快事情的聲音都是有害的。有些聲音其實是健康的！否則你可能做過了頭，為了捨棄某些自己不想要的東西，而把有益的善意訊息連帶一起丟掉。即便是有害的聲音，當中肯定也有一些值得採納的內容。一般來說，你只需要稍微調整即可。

　　回到衣櫃的比喻，除了那些因為會刮傷皮膚或很不透氣，所以穿起來超級不舒服的衣服之外，有些衣服可能不像休閒運動服那麼舒適，但依然有其用途和功能。比方說，拘束但優雅

的夾克與黑色皮鞋可以穿去面試，雖然不時髦但透氣的戶外夾克適合穿去徒步登山。此外，有些東西只要稍加改動就能再拿出來穿，像是媽媽那件穿破的冬衣，換上柔軟的新襯裡之後就變得暖活、復古別緻。黑色的高領毛衣每次穿起來都有一種讓人窒息的感覺，但把領子去掉後，穿起來就變得非常舒適……該大掃除了，但是請小心謹慎，不是所有東西都要丟進垃圾桶。你的衣櫃裡可能藏了不少好東西。

這個可以丟掉了！

可以丟掉的聲音包含各種貶低你、剝奪你擁有需求和感受之權利的聲音。以安德利亞為例，她在修女的不當教養與對待下長大，如今只要想對自己好一點，就會萌生罪惡感與羞愧感。安德利亞接收的聲音必須全部消失，這些訊息超級有害，必須丟進危險廢棄物的回收桶中由專家處理回收，以免造成進一步傷害。

個案研究：安德利亞

來自童年的聲音	來源	對應哪個內在角色？
「妳不准吃好吃的東西！」	修女	批判的內在法官
「妳對享受和歡愉的需求是不好的。快樂是邪惡的東西。」	修女	批判的內在法官
「如果妳犯了錯，就是個失敗者！」	修女	批判的內在法官

安德利亞沒有任何值得參考或切乎實際的內在聲音。這些內在法官的聲音沒辦法帶來任何有生產力的效益。反之，它們剝奪安德利亞照顧自己、善待身體與心靈的權利。安德利亞應該要下定決心，花一段時間徹底壓制消除這些聲音，這樣才能過上快樂充實的生活。

「等一下，這件很時髦啊！」這個情境是否很熟悉？你的衣櫃已經滿了，妳跟朋友開始著手整理，不適合的加以淘汰。妳看到一件衣服，直接把它塞進垃圾袋。「怎麼，妳不想要了？這件很好看耶！」朋友從垃圾袋中把衣服拿出來。「哇，顏色好美！還是喀什米爾的！而且這個長度很適合妳啊。」她說的沒錯。妳怎麼會想要把這件衣服扔掉呢？這或許不是你最愛的那件，但在很多場合，穿上這件衣服的妳相當亮麗迷人。

即使是那些有時會讓你感到煩惱和沮喪、無法立即滿足你個人需求的聲音，長遠來看，搞不好未必會對你造成傷害，反而還能帶來助益。要區分哪些訊息是有害的、哪些訊息能夠協助健康成人自我的行為，這並不容易。歸根究柢，這也是關乎形式與程度強弱的問題。適當的客觀自我批評固然重要，但長期的自我懷疑、自我貶低，甚至是自我憎恨都是極其有害的。紀律也是如此。完全沒有紀律，我們將永遠無法實現個人目標，而過度的壓力往往會把人推向極限，導致我們忽視生活中其他重要面向。

舉個例子，「先工作後享樂！」這句話最原始的型態有點

棘手，但經過一點調整，我們就能從中獲益。這句話或許可以改成：「重點是在工作和娛樂之間找到適當平衡。努力是件好事，因為這是取得成就的唯一途徑。但同時也要確保不會忽略生活其他面向的品質。」雖然改過句子之後沒那麼琅琅上口，卻更符合、也能滿足我們複雜的內在需求及生活條件。

個案研究：尤納斯

尤納斯的情況與安德利亞截然不同，父母非常疼愛他，同時也給他帶來極大的壓力。

來自童年的聲音	來源	對應哪個內在角色？
「先工作再享受。」	父親	苛求表現的內在法官
「你聰明又可愛。」	父母	成人自我

與安德利亞不同，尤納斯並沒有任何必須排除丟棄的訊息。他的內在聲音還是有可利用的價值。只要他保有理性判斷，不要妄自菲薄或好高騖遠，父母的讚美能帶給他自信、強化他的成人自我。另一句話也能解讀成無害，甚至是有益的訊息：「工作很重要，而且如果你成功了，那是好事。但必須保持平衡。工作並非生活的全部。」

第三步：學會反駁

修改調整後的訊息對尤納斯來說會有幫助，長遠來看，新訊息能取代那個一直給他帶來龐大壓力的舊訊息。如果我們想要抵制內心有害的聲音，制定新的替代生活規則是相當必要的步驟。

新的生活規則

我們可以試著將有害的訊息轉化成對我們有益的形式。另一種方法是反其道而行，制定另一種替代準則。以安德利亞為例，她可以規定：「我必須善待自己，關注自己的感受和需求。」大家不妨試試看！寫下你認為非常重要、美好，而且你也願意遵守的規則清單。

事實查核

內在法官的聲音強而有力，但最響亮的聲音未必最正確。想想看，難道你就沒有碰過這些聲音被反駁的情境嗎？在這些情境，是否有人直接反駁這些苛刻、有辱人格的聲音？或者，你所愛的人是否曾向你表明這些聲音只在特定條件下有效？針對內在法官聲音帶來的壓力和羞辱，你能提出自己的反對意見嗎？

再次閱讀第272頁，你已經收集了所有來自內在法官的有害訊息。請用以下問題清單來檢視每項訊息是否屬實。

質疑來自內在法官的聲音

- 這項訊息的正反立場為何？
- 有哪些支持這項訊息的證據？
- 對於實踐個人責任與滿足需求，這些訊息能給你帶來多大幫助？
- 你的學習榜樣或偶像，在多大程度上也遵守這項訊息？
- 你有過哪些與這項訊息互相違背的經歷？
- 在這種情況下，好朋友會建議你怎麼做？

你能質疑內在法官的訊息嗎？這可不容易。這些聲音伴隨我們太久。如果你能播下懷疑的種子，哪怕只是一丁點懷疑，就已是莫大進展，因為這些懷疑會不斷滋長。順道一提，如果你經常問自己這些問題，效果會更好。從現在起，如果負面的內在聲音出現，就用這一連串的問題來應對吧。持之以恆，你會變得更敏銳，能夠找出更多反駁的論點。絕對不能放棄！

大家可以利用以下表格來記錄你對負面內在法官聲音的懷疑與反駁。要找到能夠質疑這些聲音的事實和論據可能非常困難。甚至，你或許會覺得自己難以對其產生懷疑。這並不奇怪，長期以來，這些聲音決定了你對自我和世界的看法。因

此，找一位值得信賴的人陪你共同面對內在法官的訊息、進行以下審核檢視，或許會對你有所幫助。

苛刻型或批判型的 內在法官聲音	人生中有不同階段的經歷， 能證明內在法官是錯的
舉例：「如果你不關心他人，你就是壞人！」	關心他人對我來說固然重要，但為了擁有足夠力量，我也必須顧好自己。

有強烈的苛刻型或批判型內在法官的人很難達到自我的標準，同時也難以欣賞自身的任何優點。對我們所有人來說，來

自外界的積極回饋至關重要，但對這些人而言，重要性更難以言喻。我們都需要被人喜歡和欣賞的感覺，只有當別人覺得我們好，我們才會覺得自己好。就算我們不想去在意別人的評價，實際上也根本辦不到。

遺憾的是，那些迫切需要肯定和讚美的人，正好也難以順利感知和接受外界的肯定與讚美。自卑的人強烈懷疑自己、質疑個人能力，當別人對他們表示讚賞，他們尤其難以察覺。他們往往會忽略或迅速反駁正面積極的訊息，並且大量反芻批判性的回饋或個人的挫敗經歷。這樣不好，而且也不能繼續這樣下去。請抱著開放的心去感覺、尋找自己的美好良善與長處，你身邊的人一直以來都很欣賞你的優點與特質！

所以，在接下來的「正向日記」練習中，身邊的人也是你可利用的資源。透過這項練習，你會發現內心真實的想法。這些想法來自你每天收到的回饋，但你可能從來沒有意識到。此練習將幫助你更專注於讚美、肯定以及欣賞等正向面。

正向日記

針對這項練習，你需要一本漂亮的日記本。選一本你真心喜歡的本子，而不是普通的筆記本。選一本高貴、優雅或特別的本子，精心準備專屬於你的本子，這就是你欣賞自己的第一個指標。

首先，想想過去哪些讚美對你來說是有意義的，寫下你想到的最重要經歷。然後，每天晚上花時間回顧今天一整天，寫下至少三個正向的回饋或生活事件。請在你的漂亮本子上寫下你得到的每一句表揚、讚美與認可。例如，「莫娜對我微笑」、「我的報告沒有被修改就發回來了」或「桑雅請我給她建議」等尊重和讚賞的表現。絕對不能小看這些「小事」。長期累積下來，你會對獲得正向回饋的情況有更敏銳的感知。

　　現在你對讚美已經有所感知了，但如果事後你予以反駁或拒絕接受，那讚美對你也沒什麼用處。很多人，甚至大多數人，都難以接受他人的讚美。有人對我們說好話時，我們當然很高興，但與此同時，我們也會感到尷尬和不自在。接下來的練習，就是要讓大家知道接受讚美時如何做出最好的表現，以及當下的感覺有多美好。

接受讚揚

　　舒服地坐下、放鬆，專注呼吸。閉上眼睛，當你完全放鬆下來，請回想最近接受讚美、認可或其他形式之正面回饋的情景。現在到了最困難的部分了：請想像自己帶著微笑說「謝謝」、接受讚美或肯定。就只是「謝謝」而

已。不要臉紅，不要揮手。你現在感覺如何？如果你覺得非常緊張，請想像一位好朋友正進入這個場景。只有你能看見這個人，其他人看不到他。他走到你身邊，把手搭在你肩膀上說：「你做得到。你應當得到這樣的讚美與肯定！」充分感覺搭在你肩上的手是如何給你力量、讓你接受讚美，並為此感到高興。當你準備好，就能睜開眼睛，完成練習。

　　買到替代品之前，最好不要把厚重的舊冬靴丟掉，不然你最後只能穿著運動鞋、凍著雙腳在雪地行走。負面聲音也是如此，趕快找到正向的替代聲音吧！你現在可能在想，「但我也不想要欺騙自己。」這是再自然不過的念頭。但請記得，負面聲音也會「欺騙」你，描述出一個根本不是你的人。此外，我們如果能用稍微積極正向的方式看待現實，通常會比較快樂。科學研究顯示，與憂鬱的人相比，健康的人看到的一切都會比實際上更美好一些。因此，盡可能積極看待事物，這是很健康的心態，而且也是完全可行的。所以囉，請為自己戴上正向樂觀的「有色眼鏡」吧！

帶有正向訊息的清單

現在，我們的任務是找出能夠取代負面訊息的正面訊息。在你碰到問題與困難時，這些善意聲音應該能讓你的感覺好一些。思想決定我們的感受，當你遇到困難時認為自己困頓無助也無能為力，可能真的會有軟弱無力的感覺。反之，如果你碰到這種狀況時覺得「我有能力，我的意見很重要」，你就會更有自信，而且也會有相應的表現。

正向積極、有益的思想範例：

- 我的意見很重要，我也很重要！
- 每個人都有缺點，但每個人也都同樣有價值！
- 質疑自己不是軟弱的表現，而是一種強大的特質！
- 我已經有很多成就，不需要隱藏自己或為自己辯解什麼！
- 我有權利依據自己的需求來建構自己的生活！
- 別人的看法無法決定我是誰或我是什麼樣的人！

從正面訊息中挑出一句或多句能帶給你鼓勵的話，讓這些句子在你的日常生活中占有一席之地。你可以把這些句子寫在小卡片上、放進錢包裡，或是拍成照片當作手機桌布。這樣就能一直隨身攜帶了！

「我能用另一種方式看待自己！」

每個人都有自己不欣賞的特質，也有感到羞愧之處，各有自己覺得醜陋和自卑的部分。我們必須清楚意識到這種評價是主觀的。美與醜、愚笨和聰明、好與壞，都不是客觀的分類方式。一個人喜歡的東西別人有可能覺得很糟糕，一個人討厭的東西另一人或許愛不釋手。

請自我提醒這項原則也適用於你。你覺得自己肩膀太窄，總是試著在衣服裡面加墊肩，但你的伴侶搞不好覺得這種身形很精緻優雅。你因為自己太敏感而感到羞愧，但另一半或許覺得你是一位敏銳、體貼的人。

這種替代詮釋方法很值得付諸實踐。這能協助我們看清自己的盲點、接受自我原本的樣貌。接下來，我們試試看從正面的方式來解讀以下特質：

我覺得自己……	從另外一種角度來看，我其實……
總是那麼焦慮不安	是一個謹慎的人
是膽小鬼	對危險保持警惕
對批評過於敏感	對社交訊號保持高度覺察
太內向	擅於保持低調
總是沉默寡言	擅於深思熟慮

我覺得自己……	從另外一種角度來看，我其實……
優柔寡斷	不會輕率做決定
是個小丑	
很害羞	
……	
……	

許多人不僅與自己天生的性格抗爭，還會跟外型長相拉扯掙扎。幾乎沒有人對自己完全滿意，大家要不是覺得自己太胖，就是太瘦、太高或太矮……有些人對身材感到羞恥，連冬天都不願意去三溫暖或到湖邊泡水玩耍，因為他們非常抗拒在別人面前脫衣服。這實在非常可惜，而且也很不必要。

有項練習能協助你從不同角度看待自己的身體，那就是所謂的鏡子練習。這項練習的目的是協助你用充滿愛和客觀中立的眼光來看待自己的外表。

鏡子練習

站在一面全身鏡前，閉上眼睛。深呼吸幾次，注意氣息進入和離開身體的方式。

對鏡中的自己投以慈愛、友善及同理共感的態度。如

果你覺得這麼做很困難，那就試著站在另一個人的角度來看，假裝鏡子裡的人是你的孩子或摯友，是你非常喜歡、非常能夠同理，並由衷希望他過得幸福快樂的對象。

閉上眼睛。你的心裡有哪些感覺？你對鏡中的自己是喜愛還是厭惡，是自豪還是羞愧，是關心還是親近？你在想什麼？請盡量不要批判自己的想法。讚美自己在鏡中的畫面。我相信一定有一些值得稱讚的地方。在腦海中想像一下你美麗的頭髮、細緻的關節、秀氣的鼻子……並感受自己的內心，當你有這些善意的想法時，身體有什麼感覺？你又有什感覺？

現在想像一下，你馬上就要睜開眼睛看見自己的鏡中影像了。你腦海中出現什麼想法？如果有消極的想法，找個正向積極的想法來反駁。公正客觀對待自己、面對自己的優缺點。

現在睜開眼睛，你對鏡中倒影的感覺是什麼？你有辦法用正面訊息來取代負面訊息嗎？試著抱持好奇、接納和善意的觀察者態度。你能說出「沒錯，這就是我，我就是這樣」嗎？你能暫時接受現在的自己嗎？你不需要為此辯護或解釋。以你接受你所愛的人那樣，接受自己。

再次閉上眼睛，感受這些感覺與想法。現在再次睜開雙眼，完成練習。

感覺怎麼樣？有感覺到你能更接受自己了嗎？也許這只是短暫一瞬間的感覺，但已經很棒了。這種感覺會慢慢建立疊加。你剛剛邁出重要的一小步。重點是我們要將這種體驗一點一滴融入日常生活。每天早上，你都可以簡單對著鏡子進行這項練習，或是在擦乳液或洗澡的時候好好關愛自己的身體。

第四步：減少有害訊息

再看看第272頁，你在那頁表格中寫下了來自童年的有害訊息，也給了等級評分，判定每條訊息對你造成影響的程度。根據這些資訊，你現在可以決定要減少哪些訊息對你的影響。一樣，不要一下子給自己太大壓力。你現在面對的是一項艱鉅、勞神費心，而且可能很漫長的任務。這項任務的目的是減少童年的有害聲音對你造成的影響。

專屬你的守護小物

大家聽過法蒂瑪之手這個阿拉伯符號嗎？這個符號的作用是抵禦邪惡之眼，讓我們遠離一切不幸的壞事。對多數人來說這是迷信，這個符號針對的是我們無法左右的事物。而用來提醒我們要實現某些決心和目標的符號則截然不同，一枚獎牌能鼓勵我們在下次參加比賽前多下水游泳練習；看到朋友的照片，會讓我們想多打電話關心他；一張笑臉，會提醒我們對別

人友善一點。

這些小物件的作用正是如此，我們的目的在於用這些物件或符號來消除內心的負面聲音。這基本上可以是任何東西，比方說一朵花、一個玩偶、一塊石頭、一個貝殼，或是一個暫停的標誌……如果我們能在符號和目標行為之間建立明確關係，那就再好不過了。比方說，在桌上擺個小小的停止標誌，提醒自己設定界限，不要總是對所有要求或事物說「好」。

寫給自己的信（二）

寫信或明信片給自己感覺確實很怪。不過這項練習的目的是從經過調整的視角出發，再次重申你按照規畫做出改變的權利。這其實也沒那麼不尋常，在一九五○年代，法蘭克・辛納屈有一首歌就說：「我要坐下來，給自己寫一封信。」

因為他的愛人懶得動筆，所以辛納屈坐下來寫信給自己，對自己寫下充滿愛意和深情的文字，而且這些文字聽起來更甜蜜，因為他假裝這是愛人親手寫的。他顯然曉得我們有時必須為自己做點好事，雖然這種方法有點自欺欺人，但依然能發揮效用。

試試看吧，稍微自欺欺人其實沒什麼壞處。

或許你根本想不出來要寫什麼。首先，我們要遵照辛

納屈的方式，寫一些充滿愛意的話給自己，假裝這些話是來自你最親愛的人。為了讓你更清楚理解寫信給自己是什麼樣子，可以參考以下安德利亞寫給自己的明信片。

> 親愛的安德利亞：
>
> 妳很好，妳的需求也很棒。更重要的是，妳要好好照顧自己。拉爾斯、古納爾和德克也都這樣說。我們都愛妳，希望妳能好好的！

寫給內在法官的信

如果你今天給自己太大壓力，或根本不給自己壓力，又或者是貶低自己甚至憎恨自己，那你童年或青春期的某個人有可能要對此負部分責任。也有可能不止一人。當你還是個孩子的時候，有人無視你的需求，你有權為此感到憤怒。將這種憤怒表達出來，最好是透過寫信來表達，這能夠讓你得到療癒，而且對你有所幫助。

開始寫作前，請就信的內容向自己提出以下問題：

- 在我的生活中，這個人給了我哪些訊息？而訊息內容是根據什麼而來？
- 我為什麼想跟這些訊息切割？

- 我想要達成什麼目的？
- 為什麼那個人對我的評價是錯的？
- 我已經取得哪些值得驕傲的成就？我不會讓內在法官的聲音貶低這些成就！
- 實際上，我究竟需要這個人提供什麼？
- 我明確表示，不會再被這個人的聲音和訊息所影響！（例如：「我不會再讓你阻止我堅持自己的觀點、維護我的權利、擁有安穩自信的狀態，以及享受人生！」）

寫完信之後請大聲閱讀。我知道這聽起來又有點怪，但你要克服自己的障礙！你會發現，當你真的聽到聲音而不是在心中默念的時候，效果會完全不同、更加強烈。

　　如果在這些信和卡片上加上朋友的說法與評價，肯定你確實有權利表達需求和感受，而且讓你覺得自己整體而言是個優秀可愛的人，這些卡片與信件就會產生格外強烈的效果。或許你還想到了某些人，他們會反駁你的內在法官那些既負面又具破壞性的言論。這都有助於你將這種鼓勵與支持融入日常生活中，比方說，把你最喜歡的阿姨照片放在桌面上，當你在辦公室遇到棘手的情況時，看看阿姨的笑臉，就會覺得自己更能夠

應對內在法官的聲音。

如果內在法官帶有極度強烈的批判意圖，就算有很多練習也起不了作用。他的聲音甚至會禁止你去練習嘗試，或者是取笑你。這時你可能會覺得內疚，或覺得內在法官的批判聲音越來越強大。在這種情況下，他人的支持尤其重要。如果你無法說服自己，那你的朋友、伴侶，以及情況棘手時或許還有心理治療師，這些人都能幫忙說服你。取得所有你能獲得的支持與鼓勵，這對你來說絕對有好處！

另外，這些支持與協助未必要是真實的。想像中的朋友通常也能發揮效果。很多人都會自動自發這樣做，當他們需要冷靜思考時，會與「內心的小幫手」討論情況和感受。當內在法官逼近，你也該試著這樣做。取得想像中的心理支持吧！

與假想中的盟友對話

來自童年的有害聲音可能無所不在。所以，想想你是否認識一些曾經反駁過這些訊息的人，他們對你的看法與你看待自我的想法截然不同。這人或許是阿姨、朋友、老師，不管是誰，請將這個人當成內心的小幫手。現在想一想，在當前情況下，內在法官又再次控制你的思想、情感與行為了！也許你開始貶低自己，因為你覺得自己的行為笨拙或令人尷尬；也許你把爭吵的責任完全歸咎於自己，

但對方其實也同樣需要負責；也許你怨恨自己，因為你這週沒去健身房，體重又增加了幾公斤。

當你發現這種情況，把這些事說給內在小幫手聽。他會傾聽一切，然後給出答案。要有耐心，讓他慢慢、好好地訴說。他說了什麼？看看他的回答是否顯示出對你的需求和感受的尊重，以及是否同情你、與你有所共感。

如果情況不是如此，那就是內在法官介入了，這種練習對你起不了作用。在這種情況下你應該諮詢專業的心理治療師。

如果你發現內在小幫手的話對你有幫助，那還可以進一步做以下的想像練習。

內在小幫手

放鬆，閉上雙眼。想一想，內在法官上次是在什麼情況下出現？內在法官又帶來哪些感受、想法和行為？小心地，把自己重置於當時的情境中，同時帶上你的內在小幫手！小幫手說了什麼、做了什麼？你現在感覺如何？小幫手是否有協助你找出了在這種情況下你真正需要的東西？

你完成這項練習或前面的其他練習了嗎？現在感覺如何？

請不要期待奇蹟！改變內在聲音是一段漫長艱辛的過程。但改變是可能的，也是值得的。你會發現，隨著堅持的時間越長，你會感到更放鬆和自由。童年的束縛已經沒那麼緊了，而且也逐漸鬆開，最後你就能夠完全掙脫。這樣一來，你便可以更進一步好好地滿足自己的內在需求。

遺憾的是，這段過程跟你現階段的生活是同步進行的。生活出現危機、衝突、壓力和挫敗時，你沒有太多力量再去應對內在法官。這很正常，但絕對不能因為這種暫時的挫折而氣餒。請繼續抵抗邪惡的咒罵聲音，那些聲音根本不曉得你有多棒、多可愛！

重新檢視我的應對策略

在我們的衣櫥裡，有些東西是因為我們對自己感到羞愧而存在——要不是為了掩蓋自己的問題，就是想要取悅他人。希望讀者現在都已經清楚了，其實自己的許多問題根本不是問題。所謂太高或太矮、太胖或太瘦、美麗與醜陋，這些都是主觀的。俗話不就說了，情人眼裡出西施嗎？當我們審視自己的時候，看待的角度通常都不是自己的角度，而是他人的視角，這才是最致命的。許多人都是透過別人的眼睛來看待自己的身體及個人特質，而這個「別人」對我們並不友善。因此，問題不在於我們自己，而是童年時內化的貶抑眼光。

第一步：辨識有害的行為模式

留意自己的行為模式。哪些行為模式對你來說非常熟悉？想想這些行為模式何時出現？它們如何影響你的感覺、思想和行為？你知道在這些時刻你真正需要的是什麼嗎？事後你的感覺如何？

這些感受非常重要。與內在小孩和內在法官不同，應對策略如果有發揮作用，事後通常會給人一種中性或甚至是不錯的感覺。所以我們會覺得自己的行為很正常，也難以意識到這其實是在自我欺瞞。

最好的辦法是詢問他人。局外人通常看得比較清楚。所以，問問你認識許久的人、你熟悉或對你好的人。或許是你的心理治療師，也可以是朋友、伴侶、父母、兄弟姐妹等。注意你在不同環境（家庭、俱樂部、職場）中認識的人對你的評價是否相同，如果不同人給的答案都一樣，那可能就真的有問題。比方說，如果很多人都說你會刻意迴避困難的任務，把工作丟給別人做，那你一定要檢視一下自己是否有迴避的傾向。或者，如果大家都不理解你為何常常要忍受別人辱罵或侮辱性的言語和對待，而且好像很難拒絕別人，那你有可能是在使用屈服這項應對策略。如果有某些人對你的自負和傲慢感到不滿，那過度補償可能就是你的應對策略之一。

判定我的應對策略

首先我們要判斷當你感到軟弱或走投無路的時候，會率先採用哪一項應對策略。以下個案研究和問題會協助你進行判定。如果覺得獨自作業很困難，也可以找好友一起進行。

個案分析：屈服

還記得娜迪嗎？她是一位具有強烈屈服模式的女子，總是被那些命令她甚至對她動粗的男人給迷惑。娜迪第一次意識到這種行為是因為被朋友反問。她每次赴約，眼周總掛著一圈瘀青，那位朋友就問：「為什麼妳總是愛這種男人？為什麼要忍受這麼多？」這也是娜迪第一次思考這段關係是否真的帶給她快樂。她和朋友一起列出了她喜歡和不喜歡的事，過程中她慢慢意識到在這種關係中，她既沒有安全感，也沒有被愛的感覺；既不喜歡相處的氛圍，也不享受性生活。她渴望的，實際上是另一種截然不同的關係。她懷疑過去的她其實一直在追尋像父親那樣會酗酒又施暴的男人，而她的屈服行為其實是遺傳自母親。

個案分析：迴避

和娜迪一樣，萊奧妮也有一個酗酒和慣性家暴的父親。但是與娜迪不同，萊奧妮是透過迴避來應對困境。所以她現在非

常神經質，容易覺得自己被威脅或拒絕。萊奧妮並沒有屈服於惡劣的人生遭遇，而是試圖迴避他人。她盡可能迴避社交活動，還用酒精來麻痺負面情緒。她經常喝酒，尤其是工作的時候。萊奧妮懷疑自己可能有酗酒問題了，就像父親那樣。她意識到自己必須有所改變。

個案研究：過度補償

大家已經認識馬克了，他是一位從小被忽視、父母離婚的小孩，從來沒有得到足夠的愛與稱讚。遺憾的是，這樣一個沒有愛的童年會持續影響到成人生活。由於童年創傷，馬克養成了過度補償的應對模式，嚴重缺乏同理他人的能力。馬克只看得見自己，而他也不認為這有什麼問題，多數時候他都覺得自己比別人聰明、了不起，而且在事業和性生活方面也如魚得水，所以很少去質疑自我形象。不過他的五十歲生日就要到了，馬克想舉辦一場盛大的派對。他真的很期待。他剛升遷，迫不及待告訴大家為什麼他能從激烈的競爭中脫穎而出，於是他開始思考賓客名單……他和哥哥鬧翻了，父母對他也不太感興趣，他的兩段婚姻都以失敗收場，朋友們紛紛在不同時間點跟他斷了聯繫（或者說，他也從來沒有主動聯絡過朋友）。這一切是怎麼發生的？他記得一位前女友說：「哎呀，馬克，如果你不讓其他人也說點什麼，最後是不會有人想要跟你往來的。」當時他把她趕走了，現在才回過頭思考這句話是否真的

有點道理。他有時候會覺得自己的樣子其實很蠢笨，而且表現沒那麼真誠。他還曉得自己反覆經歷著無比孤獨以及被拋棄的時刻。自大和傲慢是他應對這些負面情緒的方式嗎？這種應對策略會不會是阻礙他建立美滿家庭的原因？

檢視我的應對策略

朋友與熟識的人都怎麼說我？他們有特別的評價或建言嗎？

_____

_____

身邊不同生活圈的親友（伴侶、朋友、俱樂部、職場、家庭）
是否都注意到我有相同的行為模式？

_____

_____

我通常如何應對工作和人際關係中的壓力與憤怒？

_____

_____

朋友與同事如何評價我的應對策略？

_____

_____

這項練習有幫到你嗎？如果沒有，或許以下的想像練習會給你更明確的答案。要判別迴避和屈服通常比較容易，因為這兩種應對策略會讓人覺得自己回應當前情境的情緒並不適切。過度補償就不同了，因為在過程中當事者通常會自我感覺良好。因為少了痛苦與掙扎的感覺，過度補償難以直接被判斷察覺。

找到我的應對策略源頭

放輕鬆，專注呼吸，慢慢吸氣和吐氣……吸氣……吐氣。現在閉上眼睛，讓自己進入一個你習慣使用的應對策略情境中。通常，在這種情境下你會覺得不舒服、沒安全感，然後內在法官的聲音會出現，並威脅要對你施壓或傷害你。

盡可能全心全意感受這種情況。問問自己，「我在做什麼？我說了什麼？我的聲音聽起來如何？我有什麼感覺？身體感覺如何？」也許你就能釐清，自己現在究竟想做什麼或說什麼，以及現在需要什麼。

現在，請搭建一座「情感橋梁」。大家或許還記得，情感橋梁的目的是透過感覺，在過去與現在之間建立連結。回想最近你啟動應對策略的情境，去體會當時的感受與感官覺察。然後在腦中將那個情境抹去，抓住那個感

覺，慢慢回到過去，回到童年與青春期。請不要勉強。耐心等待出現的畫面和記憶。你經歷了什麼？遇到哪些人？哪些情感因而被觸動了？

現在結束想像練習。再次專注於呼吸，你能感覺到自己的身體嗎？雙腳踩在地上、雙手交疊……？張開眼睛，想一想為什麼這兩種情況會引發類似的感受。這些情況有哪些共同點？它們之間有什麼關聯？還有哪些問題尚未解決？

第二步：利弊分析

童年時期的應對策略並非百分之百有害。在適當的情況下，這些策略能幫助我們安然度過日常生活。我們常常會發現，在某些情況下，直接去處理衝突、讓負面情緒影響自己，或是感覺渺小無助都不是合適恰當的。有時候，如果問題不嚴重，同事又不懂得妥協，那與脾氣暴躁的同事起衝突就一點意義也沒有。當然，我們也沒必要為了每一次不公平待遇、挑釁或攻擊行為去採取行動，有時沉默和按兵不動是最佳策略。還有，在特定情況下，略微包裝的自我形象也對我們有幫助，比方說在求職面試、第一次約會，以及想要維護利益的情況下，我們未必永遠要表現百分之百真實。這種功能性的應對策略與有害應對行為的差異在於，前者能協助我們實現目標，後者則

會阻礙我們滿足個人基本需求。

比方說，萊奧妮的迴避模式導致酗酒問題。馬克在童年時期沒有得到照顧者足夠的關照與呵護，導致他在人際互動當中過度補償，老是霸占各種發言的機會與時間。好處是他能在說話的時候得到許多關注，但缺點是別人會覺得被冷落、被逼到角落。還有他的吹噓與傲慢，這種表現讓他覺得自己特別聰明、能掌控全局，缺點是他會因此貶低他人。所以，馬克的應對策略成功在短期發揮了作用，過度補償模式活躍的時候，心裡確實沒那麼孤獨和無助。然而長遠看來，他的幼稚行為卻會促使身邊的人遠離他，讓他更加孤單。

首先，我們要判斷自己的應對策略是利大於弊，還是弊多於利。想想長期與短期缺點，就像我們在評斷被寵壞的內在小孩時做的練習（第245頁）。優點跟缺點哪邊比較多？有時評估的結果是勢均力敵，這樣就能稍微將應對策略與內在法官稍微區分開來。所以，全然拋棄這些行為是錯的。在很多情況下，我們還是能善用這些應對策略，因此我們要做的應該是仔細觀察並做出決定：「在哪些情況和領域，我的應對策略特別強大，而這對我來說是好事還是有害的？」

第三步：確定核心戰略

如果你已經決定要限制自己的應對策略，現在就要具體採

取行動。想一想你究竟想在哪些方面減少自己的應對策略？你想在哪些方面更直接表達自己的感受和需求？對多數人而言，應對策略會產生負面影響，尤其是在私生活的人際互動方面。馬克就是最佳例證。他之所以在職場上如此成功，他的應對策略或許功不可沒，他散發出強大自信，讓客戶與員工信任他，從而爭取到許多訂單。但在私生活，他應該盡量克制自負與傲慢。長遠看來，這會嚇跑那些對他來說很重要的人，陷入孤立無援的處境。

如果你想修正自己的應對策略，這代表你希望今後能更直接表達內心真實的感受和需求，讓自己有機會滿足這些需求，活得更真誠，而不是遇到困難就退縮偽裝。我們當然也能向成人自我尋求協助，當你保持理智與冷靜，使用應對策略的風險就會降低。而在成人自我的狀態下，我們基本上是相當冷靜理性的，可以感受到自己的狀態和需求，通常也能良好地控制行為反應。

我們現在的目標是在應對方式出現問題時啟動成人自我。你還記得哪些活動與情況能啟動你的成人自我嗎？也許是與小孩和寵物相處玩耍，也許是聽音樂，或者是你的家人，也有可能是某種嗜好興趣。總之，到底要從哪裡取得安全感並不重要，唯一重要的是你有專屬自己的安全空間，然後一步步將這些安全空間帶給你的感覺延伸到其他情境中。以下想像練習能協助你達到這個目標。

接受成人自我的協助

閉上眼睛，傾聽呼吸。有意識地吸氣和吐氣，讓身心徹底放鬆。

現在，讓自己置身於一個能啟動成人自我的安全情境中，例如，想像自己在唱詩班唱歌、和愛犬玩耍，或與孩子出外郊遊等。試著非常準確、強烈地去體會安全感與連結的感覺。盡可能將這種放鬆和安心自在的狀態穩穩安放在內心深處。

接下來，將安全的情境拿掉，但不要放掉與之相關的感覺。緊緊抓住那種感覺。

我們慢慢進入第二種比較困難的情境。在這項情境中，你經常因為脆弱和缺乏安全感而採取應對策略，像是工作壓力，或者是與伴侶發生衝突。帶著正向積極的情緒，甚至找一個能給你充分安全感的人陪你一同經歷這個想像的情境。

在這種情況下，你的感受有出現變化嗎？你的行為有變化嗎？這次你是否能採取更適切的行為，而不是使用應對策略？怎麼做能協助你順利保有這種良好的感覺？

第四步：減少有害的行為

你是否有極度容易屈服的習慣？你是否覺得自己經常迴避問題或表現不夠真誠？是否常做一些你並不想做的事？

光是承認這一點就已經是一大躍進了，足以為自己感到驕傲。你現在要做的工作或許不容易也不輕鬆，所以不要給自己太大壓力。小步小步地前進，就算慢慢走，還是能靠目標越來越近。遇到挫折或反彈也不要氣餒，這很正常，而且也是過程的一部分。重點是不要放棄，無論如何都要堅持下去。從小地方的改變做起，慢慢增加份量與強度。第一次成功的感覺會讓你更有動力繼續走下去！

為了落實計畫，你需要一個能夠具體實踐的目標，並將這個目標拆解成細小步驟。另外，你也需要一個能取代先前行為的方法，包括：你想要說什麼？想做什麼？想用什麼樣的語氣說話？想表達什麼樣的感受和需求？有決心擺脫習慣性的行為模式是件好事，但我們應該先思考要用什麼樣的替代方式來取代舊有模式，才能真正擺脫以往的行為。有充分的準備與具體計畫，你一定會一步步接近理想目標，在未來碰到困難情境時做出不同的行為表現。

減少屈服

你不想要一直屈服？很好，但你打算怎麼做？解決辦法並

不是從現在起每次碰到衝突都正面迎戰，所以請冷靜坐下來思考現在的生活狀態，以及未來你想要怎麼做。替未來制定一個積極的願景。問問自己，「什麼東西對我來說很重要？我想實現什麼目標？從現在起，有哪些行為是我絕對想要改變的？」

比方說，娜迪希望將來能有一段互相尊重且關愛的關係。這是個很棒的長期目標。但短期看來，她必須先跟有暴力傾向的男友分手，去一個安全的地方。然後，下一步是開始判斷自己在哪些具體情況下會習慣性選擇屈服，並針對個人行為加以改進。越仔細明確越好，我應該要用什麼樣的語調說話？應該採取什麼樣的姿態？我想說什麼？怎麼說？想做的是什麼？還有能透過哪些方法來協助自己改變？幸好，娜迪只是一個比較極端的個案。在多數情況下，想要有效減少屈服的習慣並不需要做太大改變！

如果你已經在想像中嘗試過，那在現實中要實際改變行為往往會更容易。每次你打算採用新的行為模式時，都可以利用以下的想像練習。

想像的行為訓練（一）

放輕鬆，專注呼吸，閉上眼睛。想像你正處於一個容易採取屈服反應的情境，例如與伴侶、同事或上司發生衝突，或是身在一個你通常會承擔額外責任的狀況。

現在想想看，你究竟想要怎麼做？非常準確、具體規畫所有細節。然後進入想像中的情境，依照計畫行事。或許你會良心不安，在這種情況下你的內在法官（不管是苛刻的還是批判的）可能會變得活躍，請運用你事先寫好的正面訊息來抵抗，這樣就能讓有害的聲音安靜下來。

完成這個想像練習之後，就進入現實世界吧！首先嘗試在簡單、對你而言感覺相對安全的情況下達成目標。如果無法立即奏效，也沒關係。舊有模式已經存在很長一段時間，要打破根深柢固的行為本來就不輕鬆。慢慢來，對自己寬容一點，即使只是一小步，也是很棒的進展。繼續努力，在生活遇到的各種事件，一點一滴實現目標。每次進步的時候都要好好獎勵自己！

娜迪現在住在婦女庇護所。她斬斷了與前男友的一切關係，目前正努力重建新生活。她兼職打工，並尋求治療的協助。這些已經是很大的改變！現在，娜迪還想要改變自己的思維與行為模式。她意識到自己每次都找上有一樣問題的男人在一起，這絕對不是巧合。在社工的協助下，她開始考慮邁出一小步：她想心平氣和地要求一位總是對她不友善的同事更尊重她。首先，她在腦海中模擬當時的情景。她想像所有細節。然後，她和社工約好，等她順利擺脫陰影後要一起去喝杯咖啡。

隔天，娜迪興奮地等待同事來上班。他果然沒有讓她失望──今天他依然不怎麼友善。她等了幾分鐘、整理一下心情，接著她走到他面前詢問是否能稍微聊幾句。同事回答：「可以啊，又怎麼了？」她心想：「以前我也沒有麻煩過你啊！」但她試著保持冷靜、實事求是。「我想和你談談，因為我覺得你總是無緣無故不尊重我、態度不友善。這對我們兩人都沒有好處。」這位同事大吃一驚。他沒想到娜迪會這樣說。不過，從那之後他確實對她表現出更多尊重了。重點是，娜迪感到非常自豪。她辦到了！那一整天她都自信滿滿、神采飛揚。跟社工一起去喝咖啡的時候，她真的很快樂。

減少迴避

娜迪所做的一切都需要克服重重困難與勇氣。她有意識地超越自我極限、勇敢冒險，這令她十分滿足。當然，這整件事有可能出錯，同事可能會發飆或做出其他脫序舉動⋯⋯但這種情況其實很少發生，多數情況下，勇氣會得到回報，你不僅會意識到自己的能力、強化自信，還會很快得到周遭眾人的尊重與體貼。這就形成了一個正向積極的強化循環。

不過，其實當我們減少迴避行為時，情況並不完全如此美妙。一開始，我們會覺得非常不愉快。這是因為迴避有其好處，不過好處也只有短時間內有效，你暫時不必面對負面情緒、累人的活動和不愉快的情況。迴避行為的各種缺點只有時

間拉長來看才會顯現出來。

起先，減少迴避代表壓力增加，短期內你不太會有正向積極的體驗，但隨著時間拉長，正向的感受就會慢慢浮現了。所以，你必須有信心、持之以恆和保持毅力。不用擔心，你一定做得到！

我們再來仔細檢視一下迴避行為帶來的弊端，或許這樣你會更有動力採取行動。把這些缺點寫下來，貼在你每天會經過看到的地方，比方說冰箱門上。如果你曾多次因為迴避行為而陷入困境，這樣至少能持續給你一些動力和激勵。

原則一樣，要制定詳細具體的計畫，重點是一步一步慢慢前進。如果你有強烈的迴避傾向，那麼，想要在一夜之間戒酒、不玩電動、不看最愛的電視劇，同時又要面對公開的衝突以及你害怕的情況，這簡直就是痴人說夢。比方說，我們可以要求自己下個禮拜收到帳單要馬上打開，或者不要迴避下一次跟某個人的對話，而是試著溝通交談，這才是比較符合實際的目標。

別忘了，你願意承認自己有迴避的問題，這本身就是一大進展。請不要給自己太大壓力，要以自己為榮！當你再次戰勝自我的時候，也要獎勵自己，不然你很快就會備受沮喪與挫敗，也更有可能中斷這段積極正向的改變之旅。不要因為挫折而氣餒，如果不經歷挫折就能達到目標，那根本是奇蹟。重點在於，只要持之以恆，你就會慢慢、穩扎穩打地往目標靠近。

跟減少屈服行為一樣，在這裡我們一樣要替舊有行為想出新的替代模式。好好思考，你想說什麼？怎麼說？想拿出什麼樣的態度面對？還有，你想要達到什麼目的？反覆思考並釐清自己為什麼想在未來放棄某些行為模式，以及這項改變能帶來哪些好處。冷靜地坐下來，思考你到底想在人生中得到什麼，又該如何採取相應的行為模式。替未來制定一個正向積極的願景。什麼事對你來說很重要？你想實現什麼目標？從現在起，有哪些行為是你百分之百想要改變的？

首先，在想像中嘗試改變自己的行為。這裡你可以利用我們前面在減少屈服行為時使用的想像練習（第305頁），這對你或多或少會有幫助。在現實世界中，先從對你來說相對安全、熟悉的簡單情境開始。如果無法立即奏效，那也是正常的。不要馬上放棄，要繼續堅持。假以時日，每個人一定都能成功破除自己根深柢固的行為模式。

萊奧妮已經意識到自己在極度恐懼和缺乏安全感之下產生的行為模式，對她來說一點好處也沒有。她不僅經常感到不開心、不舒服，現在還有酗酒的困擾。她還發現內在法官阻礙了她實現自己對人際關係、友誼、認可和自主的需求，所以她下定決心要減少自己的迴避行為。為此，她的第一步是努力讓內在法官消聲匿跡。然後，她要解決自己的應對策略。她希望今後能真誠與人交往互動，而不是把自己的需求擺在一旁。她可

以先做什麼？什麼樣才是實際的做法？也許她應該打個電話給老同學約見面。她每週應該至少要有一次社交互動的機會。然後，下次碰到討厭的鄰居在樓梯間攔住她、針對清潔問題猛發牢騷的時候，她可以試著擺脫對方。如果她能做到這一點，她打算獎勵自己舒服地泡個熱水澡，這種享受她幾乎從來沒有過，因為每次總會有一些煩人的事跑來干擾。

減少過度補償

如果你想解決過度補償的習慣，除了前面所提到的克服其他應對策略可能碰到的問題，阻力還可能更大。減少過度補償的門檻最高、最困難，因此格外容易讓人沮喪。因為在這段過程中，力量、控制和支配的正向情緒會馬上消失。突然之間，你必須與自卑和恐懼等負面情緒抗爭，而這些情緒是你先前能藉由過度補償來壓制的，過程中，你可能會覺得「這真是個錯誤的決定」。更糟糕的是，你或許現在才意識到，自己是因為這種人格特質才受歡迎，而這未必是一項讓人開心的認知。所以，請慎重考慮是否真的要踏上這條坎坷的道路。也許，你只能在生活的某些方面減少過度補償，比方說私人生活，但職場上必須維持原樣。如果你能堅持下去，並突破過度補償的禁錮，你絕對會對此感到無比自豪！

但這一切又是為了什麼？如果你現在相對快樂滿足，那就沒什麼好改變的。但如果你跟馬克一樣，長期以來一直感到活

得有些不自在；如果你覺得自己需要靠極大的力量來隱藏霸氣與自信之下的孤獨和不安全感；如果你經常覺得自己是錯的、被人誤解，好像你從來就沒有真正了解自己，那麼你決定要經歷的痛苦改變和挫折感，絕對會帶來豐碩的回報。

所以說，減少過度補償的最大問題在於動機，因為少了這種應對策略，你一開始的感覺會更糟。你心中時不時會有個小惡魔跑出來，低聲問你：「幹嘛要做這種事？」如果你還記得自己行為的缺點，還記得失落感和分離的難受，還有憂鬱及社交焦慮等面向，就能持續維持決心改變的動力。沒有人喜歡去想這些事，但這是有幫助的。這樣一來，你就會想起自己努力的目標。

馬克沒有忘記，當他不曉得能邀請誰來參加生日派對時，心中有多孤獨和無助。真的沒有人在乎他嗎？他把所有人都嚇跑了嗎？他完全沒有意識到這點。難道這真的是因為他給別人太少空間？他的行為讓人無法靠近？他突然想到，除了前女友之外，其他幾位朋友和親戚也曾對他提過類似批評。想到這裡，馬克決定要改變一些事情，他不想再讓別人覺得自己是個愛炫耀的自大狂。他真心想要的終究是關愛和讚賞，但他知道自己不可能馬上改頭換面，而且好像也不必徹底改變。在職場上，他的自我膨脹行為讓他受益至今，所以他的改變計畫僅限於私生活和人際關係領域。他應該如何開始？比較實際的做

法，可能是先找回過去的人際關係。或許他可以跟那位曾經批評過他，但是依然對他很好、很照顧他的前女友聯絡。他想明天打個電話給她，問問她過得好不好，也期望自己不要在電話中流露吹噓或傲慢的姿態。如果能做到這點，他會犒賞自己去一家垂涎許久的日式餐廳大吃一頓。

直接把破舊的冬衣扔掉無法解決問題。我們需要一件新外套，並希望這次得到的是一件柔軟的外套，能替你抵禦冬日的寒風。如果你想跟過度補償這項應對策略告別，就必須採取新的自我保護措施。你不能毫無保留地讓自己暴露在負面情緒中，你需要其他工具來保護自己的內在。沒有人能永遠赤手空拳應戰。

所以，請對自己寬容一些，偶爾重新落入支配性的舊有行為模式是很正常的。你正在努力解決過度補償的問題，這就證明了你有莫大勇氣，也由此顯示你真正的力量所在。

針對下一週的改變期許

你決定要減少使用自己的應對策略？太好了！那麼我們不妨來填寫以下改變計畫。你可以在上面寫下你的改變目標與動機。要具體而且實際。明確指出下週你希望在哪些方面減少哪種應對形式、期望從中獲得什麼，以及打算如何犒賞自己。

我的改變計畫：
針對下週的應對策略調整

在以下情境中，我想要減少自己的應對策略：

_____

_____

到目前為止，我都是這樣做（我的應對策略）：

_____

_____

我想改變這種方式，因為……（應對策略的缺點）

_____

_____

我的成人自我希望能將行為模式調整成：

_____

_____

如果成功按照計畫做出改變，我想給自己的獎勵：

_____

_____

真正地長大成熟

　　現在你曉得哪些應對形式是你過去經常使用的，也了解這些策略是從何而來。更重要的是，你現在已經掌握了能減少有害行為的工具。你明白改變並不容易，因為你長期用這種方式來應對負面情緒是有原因的：你對這些負面情緒感到恐懼，而這種恐懼是合理的。然而，在決心改變打破舊有模式之前，你必須做好準備，預知接下來自己有時候會感到孤獨和軟弱。只有好好面對這些情緒，你才能夠加以掌控，恐懼也會隨之消逝。請堅持下去！一段時間後，你會發現，你不再害怕表達感受與需求。你會越來越懂得照顧自己，活得越來越真誠，人生也會變得更多采多姿。

強化成人自我

在某種程度上，成人自我就是主要行為者，是策劃、領導與推動改變的角色。有了成人自我，你才能成功治癒或減少其他人格的影響。成人自我會安慰受傷的內在小孩、給被寵壞的內在小孩設下限制，並且與內在法官談判，調節你那幼稚的應對形式。

試想一下，如果你的其他人格負責主導改變計畫，那情況會變成什麼樣子？苛刻的內在法官會無情向你施壓，讓你難以忍受。如果你不能馬上處理好所有問題，內在法官就會用內疚感與自卑感來懲罰你。被寵壞的內在小孩容易衝動，或許可以一下子就想要得到所有東西，但你難免會失敗，所以很快便會在徹底的挫敗中放棄計畫。受傷的內在小孩會立刻要求你給予大量呵護，使你沒有力氣去做其他事。只有成人自我才能扮演協調者的角色，只有它才能確保你保持實際的心態、遵守遊戲規則與限制、制定計畫，並且付諸實踐。

找個可以效法的榜樣。你可以找一些成人自我發展良好的對象，在他們身上得到支持與協助，這種人通常能在自我利益與他人利益之間找到不錯的平衡。他們應該是真正喜歡你、真心為你著想的人。如果現實生活中找不到這樣的榜樣，虛構人物也行，電影和文學作品中不乏大家喜歡、認同的正面角色。注意，我指的不是超級英雄，超級英雄通常要不是過於自戀就

是自我犧牲。我指的是比較符合現實的角色，他們多少有一些缺點，但也有很多優點，比方說《BJ單身日記》（*Bridget Jones's Diary*）的主角布莉琪‧瓊斯（Bridget Jones），或者是《北非諜影》（*Casablanca*）的瑞克（Rick）。讓這些魅力十足、幽默風趣的人物作為你的內心小幫手，他們會在必要時出現，協助你實際評估各種狀況。如果你決心從今天開始徹底改變飲食習慣、鍛鍊身體、只吃健康食品、戒菸戒酒，內心的布莉琪‧瓊斯可能會跟你說：「這我試過了，沒有用啦。不要給自己太大壓力。首先，試著每天只吃蘋果而不吃甜食，中午不要吃薯條。如果能堅持一個禮拜，那就超級厲害了！只要做到這點，就可以約朋友去吃一頓好吃的！」

　　如果你想不到類似的榜樣人物，那也沒關係。你絕對不是失敗者。你只是需要更多支持協助。在這種情況下，找一位心理治療師，開始強化你的成人自我，這也無疑對你有好處。

　　沒有人是完美的！我們都要謹記，生活和我們自己都絕非完美無瑕。如果完美是你的目標，那很可惜要讓你失望了——因為世界上沒有完美的事物。如果你的期望是永遠只當個健康完善的成年人，那根本不切實際。所以，請不要制定不可能實現的計畫，不然你最後只會感到萬分沮喪。

　　現實一點！不要忘記去考量執行改變計畫所需的精力與時間。不要把自己的資源拋在腦後，比方說人脈網、工作機會，以及財務資源等。根據自己的需求來建構生活，但要接受並考

量現實層面。你有哪些調整個人生活的可能？然而，你也必須了解，並不是所有人都具備相同條件。有些人有更多朋友能給予支持，有的人則有更多時間或金錢來挪出休息時間。重點在於，你要學會實事求是看待自己的可能性與能力範圍，並找出充分利用現有條件的方法。作為全職單親媽媽，你可能沒有足夠的經濟資源或時間來充分照顧自己，你感受到的壓力並非來自內在法官，而是實際存在的生活壓力。孩子生病時，你真的很難在期限前完成工作，再多的治療或諮商也幫不了你。生活中總會有我們無法避免的壓力以及各種累人的責任義務。

所以，請以現實狀況去評估自己的生活環境與能力。不可能每個人都有辦法獲得諾貝爾獎或成為選美皇后，而且也不必如此。為什麼？因為光是這樣也無法讓你快樂！

誠實面對自己。首先，確認你的目標是否真的能滿足你的願望和需求。再來，想想這些目標是否實際，以及需要花費多少時間和精力。你真的準備好要投資這些時間與精神了嗎？對自己坦承是非常重要的一步。比方說，如果你高中沒有畢業，現在想要拿個學位，就要意識到這是一件非常耗時勞神的計畫，尤其是如果你還得兼職工作。只有在你真的有動力並願意投入精力和時間，才有可能實現健康飲食和規律運動等理性實際的目標。盡快意識到這點。你或許得跟一些不切實際的想法說再見。但總比另一種下場還要好：不斷失敗、長期感到沮喪，而且對自己不滿。

本書重點主要是探討大家的需求，以及如何滿足這些需求。但世界上不是只有我們自己，其他人也有各自的需求，也有權利滿足他們的需求。我們的自由會擠壓到其他人的自由。作為成年人，我們應該懂得體諒他人、關注自己和他人的需求，並且找到平衡點。說了這些，重點就是要盡可能找到讓所有人都滿意的折衷方案。如果沒有人願意妥協，那就不可能達成平衡。

　　因此，請為自己和他人著想。如果你已經找到自己真正需要和想要的東西，那很好。但不要讓愛你的人傷心。盡量不要讓身邊的人感到壓迫！如果你已經決定未來要在沒有伴侶陪同的情況下與朋友聚會，那請慢慢讓他習慣這個想法。如果你覺得你關心的人無法適應你行為上的改變，請給他們足夠時間。這不代表你必須退縮、放棄你真正需要的東西。但一定要有耐心，也不要太嚴格。如果你的伴侶什麼都不配合，那就坐下來好好談談。你的朋友、另一半或家人最後還是很有可能會理解你的。

　　幾乎每個人都有想要改變的事。「我想要更有自信」、「我不想對所有事情都說『好』」，或者是「我想要好好照顧自己」等模糊的想法，多數人的心中總會有那麼幾件想達成的目標，在心靈勵志書籍裡也相當常見。但我們卻很少實際做出改變。就算真的採取行動，也會在幾天或幾週後喊停，重回舊有行為模式。這實在令人沮喪。

為什麼會這樣？首先，多數人都傾向於「要做就要百分之百做到，不然就乾脆完全不要做」的原則，這種徹頭徹尾與所有舊習慣切割的激進做法，只有極少數人能忍受。我們希望改變的意圖都是好的，但往往不夠具體，所以最後什麼目標都無法達成。在規畫改變行動時，你必須給自己非常詳細和具體的指示。如果你的目標盡可能與實際行為靠攏，成功機率就會大增。以「我想要好好照顧自己」為例，以下問題能說明如何將目標具體化：

- 「好好照顧自己」到底代表什麼？
- 我知道哪些人在這方面做得很好？我是從哪裡注意到他們在這方面的表現？
- 我想要在哪些情況下好好照顧自己？如果我在這些情況下好好照顧自己，那會是怎麼樣？別人會如何注意到這項改變？

第一步：策劃改變行動

　　現在，你對自己的內在性格組成有更深入的了解，可以問問自己：「我首先想要改變什麼？我有多想要改變？這種改變大概會花費我多少精力與時間？我的改變空間有多大？」

想像的行為訓練（二）

當你已經有心理準備，清楚知道自己想在什麼時候採取什麼行動的時候，可以先在想像中嘗試一下改變後的行為。這些練習尤其有助於強化健康的成人自我。比方說，如果你習慣在某些情況下屢次屈服、做出違背個人利益的決定，那你可以在想像練習中保持堅定不移的立場。想像自己理想中的行為模式、想說的話，以及說話方式，目的是維護自己的利益、不要再次被占便宜。

放輕鬆，讓自己進入舒服的狀態。閉上眼睛、集中精神、放鬆呼吸。想像出一個你希望能有不同表現的情景。你的姿態如何？聲音聽起來怎麼樣？你會說什麼？讓這個情境在你腦海中跑過一遍，這次你要以成人自我的模式來採取行動。

在腦海中演練過一遍之後，要在現實中進行就會容易許多。

諾拉很苦惱，因為在社交場合中，她常有一種不踏實的感覺，總覺得自己格格不入（批判的內在法官），然後就會開始退縮（受傷的內在小孩）。

在想像練習中，她試著將自己丟到一個通常對她來說很艱

困的情境：同事們要一起出去喝啤酒，但沒有明確邀請諾拉。在想像中，她友善詢問大家自己是否能加入，同事爽快答應了，有位女同事甚至幫她把外套披在酒吧椅背上。

聖誕節到了，同事常在下班後一起去喝酒吃東西，所以諾拉很快就有機會在現實生活中嘗試她想像的行為。她的行為和想像中一模一樣，而且成功奏效──大家都很高興諾拉也一起加入了。今後，面對這樣的情境，她會更輕鬆、也更願意主動開口詢問。諾拉為自己感到驕傲，因為她已經向前邁進了一大步。

第二步：讓改變真的發生

如果你想強化成人自我，就需要知道生活中哪些情況和活動能讓你的成人自我變得活躍，然後你最好漸漸將這些情況和活動融入日常生活中。另一個重點是你必須堅定不移地進行這些活動。如果你覺得自己的成人自我沒那麼活躍，也不曉得如何啟動它，以下清單或許能帶來一些幫助。

成人自我喜愛的活動列表

從事以下活動時，我的成人自我會變得活躍……

- 學習新知識。
- 與好友談論生活中對我而言重要的事。

- 為自己負責。
- 運動。
- 修理一些東西。
- 每天寫下自己今天表現好的地方。
- 閱讀報紙或書籍。
- 做一些對身體有益的事，例如：瑜珈、全身保養、吃新鮮水果……
- 嘗試新的食譜。
- 培養個人興趣嗜好。
- 教別人學會某件事或是幫助他人。
- 完成待辦事項清單中的任務，然後犒賞自己。
- 寫張卡片給自己，寫下我喜歡自己的地方。

　　你可以大致朝這個方向列出自己的清單。收集各種可以激勵你或啟動成人自我的活動，並寫下來。把清單貼在顯眼的地方，最好是你時常會不經意看到的位置。如果你傾向迴避這類能強化成人自我的活動，也可以試著用某些方法唬弄自己。很多人成功藉由約定的方式來克服內心的弱點，所以，不要自己一個人上健身房，如果能找到一位自律的好朋友一起去練瑜伽或一起報稅，成功機率自然會大大增加。

跳脫想像練習的舒適圈之後，行為實驗就是踏進現實世界的第一步。關鍵是不要太逼迫自己，最好從一個對你來說大致安全舒適的情境開始，比方說，諾拉可以詢問老公或朋友是否能讓她出席生日宴會。答案基本上都是肯定的，而且問這個問題不會讓諾拉消耗太多心力。但透過這次行為實驗，她除了能意識到自己的慣性有害行為其實是不必要的、她還有其他選擇，而且能「輕鬆」體驗到打破舊有行為模式的成就感。

　　這種實驗形式不拘，完全取決於你想改變的行為是那一種。下頁的問題應該能提供你一些幫助。

　　本章的主題是強化成人自我。如果我們能長遠保持理智，始終對自己的情緒狀態、需求與行為有全面的了解和掌握，並且持續保有自我、深思熟慮地去權衡和調解個人與他人的利益，那該有多好。但現實並非如此。要維持成人自我的狀態並不容易，我們未必能永遠都處在這個狀態，但可以試著更常去啟動、活化它！

　　不過，如果你覺得成人自我很少出現，或是對你的行為幾乎沒有任何影響，那你需要更多協助。我相信在心理治療師的幫助下，你一定能建立起健康的成人自我並使其更強大。

我的改變計畫：成人自我的行為實驗

在什麼情境下，我希望能由成人自我主導行為與反應？

_____

_____

確切來說，我希望有什麼樣的行為表現？

_____

_____

到目前為止，我性格中的哪些部分有問題？

_____

_____

有什麼東西能提醒我保有改變的決心？（比方說明信片、象徵物、我腦海中的圖像）

_____

_____

對我來說很重要的人會給我什麼鼓勵？

_____

_____

如果行為實驗成功了，我想要如何犒賞自己？

_____

_____

啟程吧！航向新人生

　　如果大家還沒看過《揚帆》（*Now, Voyager*）這部電影，請務必找來看。貝蒂・戴維斯（Bette Davis）在這部精彩的電影中扮演一位四十多歲的女子，她完全活在母親的掌控之下。精神崩潰後，她不得不去診所接受治療。醫生替她開的處方是「啟程前往新的海港」，這在一九四〇年代的好萊塢電影中代表的是：請搭乘遊輪去南美洲。她在行李箱中放了幾件華麗精美的服飾，這些服飾都是來自一位光彩亮麗的朋友。在電影重要的一幕裡，她身穿迷人的絲質長洋裝出席晚宴，白色半透明披肩上的蝴蝶閃閃發光。她每個笨拙的舉動以及慌張的言談方式，都讓人注意到了她內心的不安。穿著這些華麗衣裳令她感覺很不自在，但她越來越意識到自己就是一隻蝴蝶。雖然她覺得自己毫無價值、被遺棄，也缺乏安全感，但這件衣服其實非

常能襯托她的美麗。唯一問題是，這隻蝴蝶會破繭而出嗎？她是否能從束縛她的模式中掙脫出來？在這套看起來為她量身定做、完美貼身的服飾中，她能感受到安全感嗎？好萊塢電影的答案永遠只有肯定的。在電影尾聲，她成為一位穩穩掌握自己人生並且為之奮鬥的女性。她最後並沒有得到夢寐以求的男人，這點固然遺憾，但並不是天大的災難（這確實不像是典型好萊塢電影的走向）。反之，這徹底印證女主角的堅強。她對自己的期許非常契合現實，她覺得自己未必要摘到星星才能得到幸福。即使不是什麼事都能得償所願，她還是能以適合自己的方式過生活。

這其實也該是我們的目標：知道自己是誰、需要什麼，然後盡力照顧好自己。我們永遠無法實現所有夢想，必須要接受某些限制與約束，對個人生活與種種可能性抱持實際以對的態度。另外，我們也必須認真評估個人需求的合理性和意義，不要耽溺於那些對自己不利或自己不想要的東西。

所以囉，扔掉舊衣，把那些難看、太緊或太寬、刺人或破損的衣服扔掉，鼓起勇氣穿上你最喜歡的那件衣服，讓人生更輕盈充實吧！

活了 100 萬次的人生腳本

看清內心小劇場，重整內在四種人格模式，終結自我情緒內耗

Raus aus Schema F: Das innere Kind verstehen, Verhaltensmuster ändern und neue Wege gehen

作　　者	吉塔・雅各（Gitta Jacob）
譯　　者	温澤元
主　　編	林玟萱

總 編 輯　李映慧
執 行 長　陳旭華（steve@bookrep.com.tw）

出　　版　大牌出版 / 遠足文化事業股份有限公司
發　　行　遠足文化事業股份有限公司（讀書共和國出版集團）
地　　址　23141 新北市新店區民權路 108-2 號 9 樓
電　　話　+886-2-2218-1417
郵撥帳號　19504465 遠足文化事業股份有限公司

封面設計　Dinner Illustration
排　　版　新鑫電腦排版工作室
印　　製　中原造像股份有限公司
法律顧問　華洋法律事務所　蘇文生律師

定　　價　420 元
初　　版　2024 年 03 月

有著作權　侵害必究（缺頁或破損請寄回更換）
本書僅代表作者言論，不代表本公司／出版集團之立場與意見

電子書 E-ISBN
9786267378564（PDF）
9786267378557（EPUB）

國家圖書館出版品預行編目資料

活了 100 萬次的人生腳本：看清內心小劇場，重整內在四種人格模式，
終結自我情緒內耗／吉塔・雅各（Gitta Jacob）著；温澤元 譯. -- 初版.
-- 新北市：大牌出版，遠足文化發行，2024.03
328 面；14.8×21 公分
譯自：Raus aus Schema F : Das innere Kind verstehen, Verhaltens-
muster ändern und neue Wege gehen
ISBN 978-626-7378-57-1（平裝）
1. 人格心理學　2. 心理諮商　3. 心理治療